reinhardt

Daniela Thüring | Laurids Jensen

FRISCHE KOSMETIK

Rezepte für natürliche Pflege aus Küche und Garten

Friedrich Reinhardt Verlag

Der Verlag und die Autorin danken der Klinik Arlesheim und der Familie E. & M. Thüring in Ettingen herzlich für die Erlaubnis, in ihren Gärten für dieses Buch zu fotografieren.

Ein herzliches Dankeschön für die geduldige Mithilfe bei der Fertigstellung dieses Buches auch an:
Samantha Moser, Gesundheitspraxis Laufen
Lilian Mandingorra, Living Room Basel, Wohnaccessoires
Ursina Zimmermann, Lena Latscha, Ben und Ava, Models

Projektleitung: Denise Erb
Gestaltung und Layout: Fabienne Steiger
Fotos: Laurids Jensen
ISBN 978-3-7245-2181-5

www.reinhardt.ch

Der Friedrich Reinhardt Verlag wird vom Bundesamt für Kultur mit einem Strukturbeitrag für die Jahre 2016–2020 unterstützt.

FÜR MARCO, BEN UND AVA

INHALT

DIE ZUTATEN

DIE REZEPTE

REINIGUNGSPRODUKTE 70–87

KRÄUTERTONICS UND KOMPRESSEN 88–103

GESICHTSPFLEGE 104–121

HAARPFLEGE 122–135

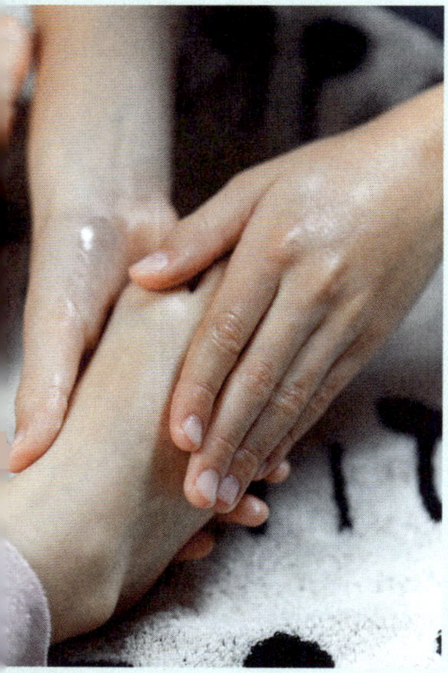

KÖRPERPFLEGE 136–163

MASKEN UND PEELINGS 164–193

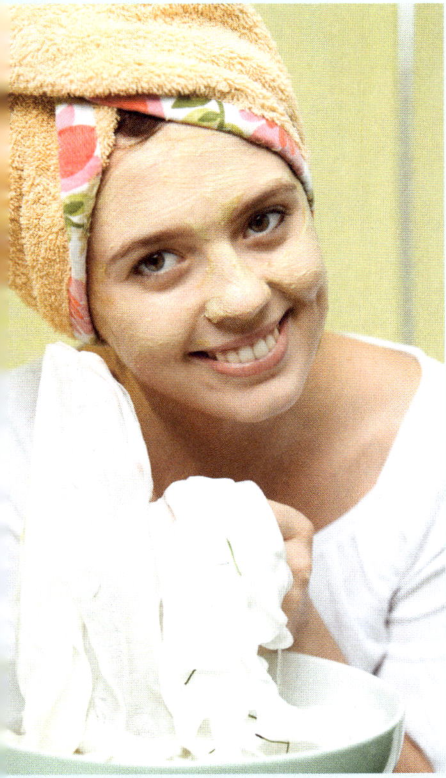

WENIGER IST MEHR!

Während auf dem Lebensmittelmarkt naturbelassene Produkte ohne Zusatzstoffe immer mehr Absatz finden, entwickelt die Kosmetikindustrie nach dem Motto «mehr ist mehr» unermüdlich weiter neue Kosmetikartikel, die eine noch bessere Pflege für ein attraktives Äusseres versprechen. Viele Kundinnen und Kunden glauben den Versprechungen der Werbung nur zu gerne und kaufen diese Produkte, ohne zu wissen, was tatsächlich darin steckt. Konventionelle Kosmetik enthält in der Regel synthetische Konservierungsmittel, Emulgatoren und Weichmacher, die billig im Labor aus Mineralöl gewonnen werden. Parabene, Paraffin, Silikon und andere Zusätze wie künstliche

Farb- und Duftstoffe, Aluminium, aggressive Schaumstoffe, Mikroplastik und Formaldehyd sind gesundheitlich bedenklich und mit Sicherheit nicht gut für die Umwelt. Gut für die Pflege von Haut und Haaren sind sie auch nicht. Denn auch wenn Produkte mit diesen Inhaltsstoffen kurzfristig schöne Effekte erzielen, greifen sie dabei derart in die körpereigenen Prozesse ein, dass diese durcheinandergeraten.

So einfach und so praktisch wie möglich zeigt dieses Buch auf, wie Haut und Haare auch ohne künstliche Zusatzstoffe und Konservierungsmittel mit selbst gemachten Kosmetikprodukten gepflegt werden können. Benötigt werden nur wenige Zutaten wie Pflanzenöle, Quark und Joghurt, frisches Obst, Gemüse, Heilkräuter und Haferflocken. Was wirklich gut und pflegend für die Schönheit ist, befindet sich tatsächlich zu einem grossen Teil bereits im eigenen Kühlschrank und Küchenregal oder lässt sich schnell und günstig im Laden nebenan einkaufen.

Gesundes Essen und mit frischen Zutaten hergestellte Gesichts- und Körperpflegeprodukte sind das Nonplusultra für eine gesunde, strahlende Haut!

Ergänzend zur frisch und hausgemachten Pflegelinie und zum Teil auch als Basis für diese sind naturkosmetische Pflegeprodukte zu empfehlen. Anders als bei Bio-Lebensmitteln, für die es einen einheitlichen EU-Standard gibt, existiert für den Begriff «Naturkosmetik» leider keine gesetzlich festgeschriebene Definition. Wenn eine Blume oder ein Olivenzweig auf der Verpackung eines Kosmetikprodukts abgebildet ist, muss das nicht bedeuten, dass ausschliesslich oder überhaupt natürliche Wirkstoffe darin enthalten sind.

Es gibt aber zwei einfache Möglichkeiten, um naturkosmetische von konventionellen Produkten zu unterscheiden. Zum einen gibt es auf den Verpackungen erkennbare Naturkosmetik-Siegel wie BDIH, EcoCert, SOIL Association und Natrue, die Produkte auf natürliche Inhaltsstoffe prüfen und die strenge Kriterien für die Qualität der Rohstoffe sowie für den gesamten Herstellungsprozess festlegen. Zum anderen gibt es die INCI-Liste der Inhaltsstoffe. Am leichtesten kann man sich die Begriffe mit den drei «P» merken: Paraffin, PEG und Paraben. Wenn eine dieser Substanzen in der Liste der Inhaltsstoffe auftaucht, handelt es sich nicht um Naturkosmetik. Zuweilen werben die Hersteller selbst damit, dass ein Produkt zum Beispiel «keine Parabene» enthält. Das muss allerdings nicht bedeuten, dass es den Qualitätsstandards echter Naturkosmetik entspricht.

Mit frischer Kosmetik haben Sie es selbst in der Hand. Konservierungsstoffe sind bei vielen frisch angerührten Reinigungs- und Pflegeprodukten unnötig und auch auf Emulgatoren kann in der Regel verzichtet werden: Man rührt oder schüttelt die Zutaten einfach von Hand zusammen. Zum guten Gefühl, genau zu wissen, was man an seine Haut lässt, können ausserdem Zutaten in Bio-Qualität beitragen. Frisches Obst und Gemüse etwa sollte unbedingt frei von Pestizidrückständen sein.

Die Rezepte und Anleitungen in diesem Buch sind bewusst sehr einfach gehalten. Es gibt diverse, sehr empfehlenswerte Handbücher über selbst gemachte Kosmetik, die tief in die Dermatologie und in moderne kosmetische Produktionsverfahren einführen und anhand derer auch die naturkosmetischen Basisprodukte selbst hergestellt werden können. In dieser Einführung geht es dagegen darum zu zeigen, wie einfach sich die alltägliche «Küchenroutine» um eine wohltuende, an jahrhundertealte Traditionen anknüpfende und wirklich Spass machende Haut- und Körperpflege erweitern lässt.

VORBEREITUNG UND HYGIENE

Es ist sinnvoll, alle Zutaten und Utensilien vor der Zubereitung der Frischkosmetik-Produkte bereitzustellen, sodass während des Rührvorgangs nichts fehlt. Die meisten der benötigten Gefässe und Werkzeuge sind wahrscheinlich bereits in der Küche vorhanden:

- Glasschalen in verschiedenen Grössen
- diverse Löffel, auch Plastik-/Holzlöffel für Heilerden
- Schwingbesen
- Mörser
- grosse Pfanne für ein Wasserbad
- Pürierstab
- saubere Produktebehälter, Dosen und Flaschen in verschiedenen Grössen
- Haushaltspapier
- Alkohol

Hygiene ist sehr wichtig für die Haltbarkeit der Produkte. Behälter und Utensilien sollten vor dem Gebrauch ca. 10 Minuten lang ausgekocht und/oder mit Alkohol gereinigt werden. Auch die Arbeitsflächen und natürlich die Hände müssen gründlich gereinigt und desinfiziert werden. Um die Haltbarkeit der Produkte zu verlängern, empfiehlt es sich, Salben etc. nicht mit den Fingern, sondern mit einem Löffel oder Spatel aus dem Behälter zu entnehmen. Für Produkte in Flaschen können Pumpspender oder Pipetten benutzt werden. Selbst hergestellte Kosmetikprodukte können zudem länger haltbar gemacht werden, indem Alkohol (in wässrigen Substanzen wie Blütenwasser) oder Vitamin E (in öligen Substanzen) beigemischt wird. Vitamin E und Alkohol sind in Apotheken erhältlich.

Haltbarkeit von frischen Gesichtsmasken, Haarmasken und Peelings	1–2 Tage
Haltbarkeit von Ölmischungen, Balsamen, Tonics etc. mit Zugabe von Alkohol oder Vitamin E	3–6 Monate

1–2 TL	Alkohol	pro 100 ml Wasser/ Blütenwasser
5–10 Tropfen	Vitamin E	pro 100 ml Öl

Wenn sich die Konsistenz oder der Geruch verändert, darf das Produkt nicht mehr verwendet werden.

DIE ZUTATEN

OBST UND GEMÜSE

PFLANZENÖLE, BUTTER UND WACHSE

HEILPFLANZEN UND KRÄUTER

ÄTHERISCHE ÖLE UND HYDROLATE

QUARK UND JOGHURT

HEILERDEN, HAFER UND CO.

SÜSSES, SALZIGES UND SAURES

OBST UND GEMÜSE

Frisches Obst und Gemüse – idealerweise nach Bio-Kriterien angebaut und saisonal verfügbar – bringen die Haut durch ihren hohen Vitamin- und Mineralstoffgehalt von innen und aussen zum Strahlen!

Die meisten Früchte- und Gemüsesorten eignen sich sehr gut für frische Gesichtsmasken. Für trockene und reife Haut sollten nahrhafte Sorten wie Bananen oder Avocados gewählt werden. Bei fettiger Haut oder Mischhaut wirken zum Beispiel Tomaten oder Gurken mit ihren reinigenden und klärenden Eigenschaften wahre Wunder.

Früchte und Gemüse können auch für sanfte Peelings eingesetzt werden. Fruchtsäuren wie etwa aus Zitronen, Kiwis, Äpfeln und Tomaten sowie Enzyme, die insbesondere in Papayas und Ananas enthalten sind, lösen alte Hautzellen schonend ab und schleusen gleichzeiteig Vitalstoffe in tiefe Hautschichten ein. Die Haut wird genährt und regeneriert. Für Fruchtpeelings können fast alle Obstsorten verwendet werden, doch besonders effektiv sind die Exoten: Mango, Passionsfrucht, Granatapfel, Papaya, Ananas, Kiwi, Zitrone und Orange.

PFLANZENÖLE, BUTTER UND WACHSE

Bereits in der Antike wurden aus fettreichen Früchten und Samen wertvolle Öle, Butter und Wachse gewonnen. Sie bilden die wichtigsten Inhaltsstoffe für natürliche Hautpflegeprodukte. Die Zusammensetzung dieser Öle und Fette passt im Gegensatz zu den körperfremden Mineralölen, die heute in vielen Kosmetika enthalten sind, ideal zur Struktur der menschlichen Haut.

Kalt gepresste (native) Bio-Pflanzenöle sowie Butter und natürliche Wachse haben einen hohen Gehalt an ungesättigten Fettsäuren und sekundären Pflanzenstoffen wie den Vitaminen A, E und C, welche die Haut nicht nur pflegen, sondern auch stärken und schützen.

Im Bio-Fachhandel, in Reformhäusern, Drogerien und Apotheken sowie im Internet gibt es eine grosse Auswahl an hochwertigen Pflanzenölen. Für die einfache und effektive Hautpflege werden nicht mehr als 2–3 Öle benötigt. In der Küche sind wahrscheinlich bereits einige vorhanden. Raps- und Olivenöl sind wunderbare Basisöle. Kombiniert mit einem Wirkstofföl wie etwa Hagebuttenöl plus einigen Tropfen Duftöl ergeben sie bereits eine persönliche Pflegeöl-Mischung.

Bei kühler und dunkler Lagerung sind die meisten Basisöle 12 Monate lang haltbar. Wirkstofföle haben in der Regel eine Haltbarkeit von 3 bis 6 Monaten. Mit der Zugabe von Vitamin E lässt sich die Haltbarkeit verlängern.

Pflanzenbutter wie Sheabutter oder Kakaobutter ist unentbehrlich für geschmeidige Balsame, beugt dem Austrocknen sowie Hautirritationen vor und macht die Haut weich und elastisch. Anstelle von Pflanzenbutter kann auch Ghee, geklärte Butter aus Kuhmilch, eingesetzt werden.

Bienenwachs und vegane Wachsvarianten wie Carnaubawachs und Jojobawachs sind wichtige Zutaten, um dem Produkt eine feste Konsistenz zu geben. Sie beugen Feuchtigkeitsverlust vor und sind somit auch sehr hautpflegend.

Sheabutter, Ghee und Bienenwachs sind in Apotheken oder Reformhäusern gut erhältlich. Andere Butterarten und Wachse findet man eher im Internet.

Aprikosenkernöl wird gerne bei empfindlicher Haut eingesetzt. Es zieht gut ein, beruhigt und pflegt irritierte, rissige Haut, aktiviert den Hautstoffwechsel und festigt das Gewebe.

Arganöl ist dank seinem hohem Vitamin-E-Gehalt ein hervorragendes Hautschutzöl. Es fördert die Straffung und Geschmeidigkeit der Haut und eignet sich auch bei Akne und bei Allergien.

Avocadoöl bewirkt eine gute Durchfettung der Haut und empfiehlt sich daher besonders für raue, schuppige und trockene Hautstellen. Es wird auch häufig für die Haarpflege eingesetzt.

Jojobaöl, ein flüssiges Wachs, wird nicht ranzig, ist antiallergen und für alle Hauttypen geeignet. Es kann in die tiefen Hautschichten eindringen und ist so ein wichtiger Feuchtigkeitsregulierer. Jojobaöl macht die Haut glatt und geschmeidig, stärkt das Bindegewebe und wirkt Falten entgegen. Zudem stabilisiert es Ölmischungen.

Kokosöl wird auch als Kokosfett bezeichnet, da es bei Zimmertemperatur fest ist. Kokosöl ist feuchtigkeitsspendend und hat einen kühlenden Effekt auf die Haut.

Klettenwurzelöl empfiehlt sich bei schuppiger und gereizter Haut. Es wirkt beruhigend und abschwellend und kann auch bei Akne und Schuppenflechte eingesetzt werden.

Mandelöl, ein kostbarer Fettlieferant, dringt gut in die Haut ein und befeuchtet sie. Eingesetzt wird es besonders bei rauer, schuppiger, trockener und sensibler Haut. Mandelöl ist auch für Babys geeignet.

Olivenöl ist gut für entzündete, trockene und reife Haut. Es dringt nicht leicht in die Haut ein, ist jedoch in einer Mischung mit anderen Ölen ein wunderbares Pflegeöl, zum Beispiel auch in der Nagelpflege und Haarpflege.

Rapsöl ist heute eines der weltweit am meisten produzierten Pflanzenöle. Die Rapssamen werden schonend gepresst, sie haben einen Ölgehalt von rund 40 Prozent. Geeignet ist Rapsöl bei trockener, reifer, rissiger sowie schlecht durchbluteter Haut.

Sesamöl wird schon seit Jahrtausenden kultiviert. Es wird in der ayurvedischen Medizin traditionell als Detox-Massageöl eingesetzt und hat einen wärmenden Effekt auf die Haut. Es zieht gut ein und fördert die Regeneration.

Traubenkernöl ist ein Öl, das gut bei Akne, fettiger Haut und Problemhaut sowie auch bei reifer Haut verwendet werden kann. Es dringt leicht in die Haut ein und hinterlässt keinen Film. Es hat regenerative und feuchtigkeitsspendende Eigenschaften und ist zudem ein sehr gutes Haaröl.

Granatapfelkernöl und **Hagebuttenöl (Wildrosenöl)** sowie andere sogenannte Wirkstofföle wie **Kiwisamenöl, Borretschsamenöl** und **Preiselbeersamenöl** sind wertvolle Pflanzenöle mit hoher Wirkstoffkonzentration. Sie werden nur in kleinen Mengen den Basisölen beigemischt. In der Pflege von reifer oder entzündlicher Haut wirken sie hautstraffend und faltenreduzierend. Sie helfen, den Hauterneuerungsprozess zu beschleunigen. Hagebuttenöl kann zudem bei Narben und Pigmentflecken zum Einsatz kommen.

Auch unser einheimisches **Walnussöl** kann als Wirkstofföl eingesetzt werden. Es zieht schnell in die Haut ein, hat eine desinfizierende Wirkung und hilft bei irritierter Haut.

Ölmischungen mit Wirkstoffölen eignen sich vor allem für die Nachtpflege. In Tagespflegeprodukten sollten sie nur in sehr kleinen Mengen enthalten sein, da sich Sonneneinstrahlung negativ auf diese Öle auswirkt.

HEILPFLANZEN UND KRÄUTER

Heilpflanzen und Kräuter können frisch für Masken oder Ölauszüge sowie getrocknet für Gesichtskompressen und Haarspülungen eingesetzt werden. Heilpflanzen werden in der Regel am einfachsten anhand der Blätter bestimmt. Es lohnt sich, dafür mit einem Heilpflanzenführer auf die Suche zu gehen. Kräuter- und Heilpflanzen können natürlich auch ganz einfach in der Apotheke und im Bio-Fachhandel gekauft werden.

Frische Blüten und Blätter können bei sonnig-warmem Wetter draussen an einer geschützten Stelle getrocknet werden. Bei Regenwetter lassen sich die Pflanzenteile im Ofen bei niedriger Hitze und leicht geöffneter Ofentür trocknen.

Aloe Vera ist eine der meistverwendeten Pflanzen in der Naturkosmetik wegen ihrer feuchtigkeitsspendenden Eigenschaften. Pflegend, regenerierend, entzündungshemmend und wundheilend, macht sie die Haut gesund und geschmeidig. Aloe Vera ist als Saft oder Gel im Bio-Fachhandel erhältlich.

Birkensaft oder **Birkentee** bringt die Haut von innen zum Strahlen. Äusserlich hat sich Birke bewährt für Haarwasser bei normalem und fettigem Haar. Es klärt die Kopfhaut und fördert das Haarwachstum.

Das zarte, aber auch zähe **Gänseblümchen** wird eingesetzt bei Prellungen und Hautunreinheiten.

Die Früchte der **Hagebutte** sind sehr vitaminreich, hautreinigend und sorgen für einen schönen Teint.

Hamamelis (Zaubernuss) und **Eichenrinde** verfügen über einen hohen Gehalt an Gerbstoffen, wirken sehr adstringierend (reizmildernd) und helfen bei entzündeter und sensibler Haut.

Johanniskraut wirkt beruhigend bei entzündeter, trockener und rissiger Haut. Es regeneriert und regt den Hautstoffwechsel an.

Lindenblüte beruhigt empfindliche Haut.

Ringelblume (Calendula) wirkt Entzündungen entgegen, beruhigt die Haut und ist wundheilend.

Rotbusch (Roiboos) stärkt die Haut und wirkt reizmildernd.

Rotklee beruhigt und glättet die Haut, hilft bei Schuppenflechte, Ekzemen und Hautjucken.

Schachtelhalm (Zinnkraut) sowie **Brennnessel** sind bewährte Mittel gegen Hautreizungen aller Art. Dank dem hohen Gehalt an Kieselsäure können diese Pflanzen eingesetzt werden, um das Bindegewebe zu stärken und zu straffen sowie um das Haar zu kräftigen. Zudem erhöhen diese mineralienreichen Pflanzen die Fähigkeit der Haut, Feuchtigkeit zu speichern.

Schwarztee hilft hervorragend bei unreiner sowie bei entzündeter und trockener Haut, wirkt adstringierend und antibakteriell. **Grüntee** und **Matcha** (gemahlener Tee) schützen die Haut vor Umwelteinflüssen, sind reich an Antioxidantien, Vitaminen und Mineralien. Sie werden ebenso wie schwarzer Tee aus den Blättern der Teepflanze Camellia sinensis hergestellt, sind jedoch nicht fermentiert.

Seifenkraut kann bei Hautschorf, Hautreizungen und Akne als milde Waschalternative verwendet werden.

Stiefmütterchen (Viola tricolor) wird bei Ekzemen und Akne angewendet.

ÄTHERISCHE ÖLE UND HYDROLATE

Ätherische Öle sind konzentrierte, hoch wirksame Essenzen, die aus den Blüten, Hölzern, Rinden, Fruchtschalen, Samen, Wurzeln, Harzen oder Blättern mehrheitlich via Wasserdampfdestillation gewonnen werden. Hydrolate oder Blütenwasser sind die edlen Nebenprodukte, welche bei der Wasserdampfdestillation von Heilpflanzen mit ätherischen Ölen entstehen.

Blütenwasser werden als Gesichtstonics verwendet und auch diversen Naturkosmetikprodukten beigemischt. Sie tonisieren, reinigen und bereiten die Haut für weitere Pflegeschritte vor.

Ätherische Öle runden Gesichts- und Körperöle und auch andere Pflegeprodukte ab. Bei der Hautpflege steht die reinigende und die regenerierende Wirkung der Öle im Vordergrund, mit ihren Düften können sie aber gleichzeitig auch unsere Stimmung beeinflussen.

Die natürlichen Duftöle sind sehr wertvoll und werden nur in kleinen Mengen eingesetzt. Für einen Liter ätherisches Rosenöl braucht es bis zu 5000 kg Rosenblüten. Ätherische Öle sind aber auch wahre Wirkstoffpakete, oft genügt ein einziger Tropfen, um eine grosse Wirkung zu erzielen. Für 100 ml Körperöl werden ca. 15–20 Tropfen ätherisches Öl verwendet, für 100 ml Gesichtsöl etwa 5–10 Tropfen. Gesichtsdampfbäder und Kompressen mit ätherischen Ölen sind sehr wirkungsvoll, es braucht dafür nur wenige Tropfen Öl auf ½ Liter Wasser.

Grundsätzlich gilt bei der Dosierung von ätherischen Ölen: Weniger ist mehr! Besonders bei Produkten für Kinder und für ältere Menschen sowie bei Hautrötungen oder Couperose sollten sie stark verdünnt werden. Für Allergiker und Asthmatiker sind Dampfbäder und Kompressen mit ätherischen Ölen nicht geeignet. Die folgenden stark anregenden ätherischen Öle oder Hydrolate sollten immer nur in geringer Dosis und nicht bei Bluthochdruck, nicht für Kleinkinder und nicht in der Schwangerschaft eingesetzt werden: Wacholder, Zimt, Basilikum, Eisenkraut,

Ingwer, Kardamom, Nelke, Ravensara, Ysop, Thymian Thymol, Campher, Eukalyptus, Oregano, Thuja, Nelke, Pfefferminze und Rosmarin.

Für sensible und trockene Haut sind die folgenden ätherischen Öle zu empfehlen: Fenchel, Kamille, Koriander, Palmarosa, Melisse, Lavendel fein, Rose und Ylang-Ylang.

Für fettige und Problemhaut eignen sich: Pfefferminze, Zitrusöle, Lavendel fein, Teebaum, Fenchel, Kamille, Schafgarbe, Palmarosa und Ylang-Ylang.

Hautstraffend wirken: Grapefruit, Rosmarin, Palmarosa, Sandelholz, Wacholder und Ylang-Ylang.

Geeignete Düfte für Kinder ab 6 Jahren sind: Lavendel fein, Mandarine, Zitrone, Vanille, Pfefferminze oder Krauseminze (Spearmint) und Melisse.

Fenchel revitalisiert die Haut und wird gerne bei unreiner Haut eingesetzt.

Geranium/Rosengeranie ist ein sehr hautfreundliches und beruhigendes Duftöl. Es heilt und desinfiziert wunde Haut, hilft bei Akne, strapazierter Haut sowie bei Blutergüssen und kann auch zur Insektenabwehr eingesetzt werden.

Grapefruit wirkt hautstraffend und durchblutungsfördernd. Grapefruitöl wird häufig empfohlen bei schlaffer Haut und bei Cellulitis.

Kamille und **Schafgarbe** eignen sich bei fettiger und unreiner Haut sowie bei Akne. Die echte Kamille (Matricaria recutita) enthält den Wirkstoff Azulen, welcher besonders gut entzündungshemmend und hautregenerierend wirkt.

Koriander wird wegen seiner fruchtig-herben Duftnote gerne eingesetzt in Naturparfüms. Er wirkt hautreinigend und beruhigt die Haut.

Lavendel ist vermutlich die bekannteste Duftpflanze der Welt. Seine ätherischen Öle haben das grösste Wirkungsspektrum. Zum Beispiel hilft der Lavendelduft bei Anspannung und sorgt für Entspannung, Harmonie und guten Schlaf. Lavendelöl ist eines der wenigen ätherischen Öle, welche direkt auf die Haut

aufgetragen werden dürfen, so zum Beispiel bei Verbrennungen oder Blutergüssen.

Melisse oder Zitronenmelisse ist das ideale Öl bei Lippenbläschen, Hautjucken und Ekzemen. Der zitrusfrische Duft wirkt entspannend und beruhigt irritierte Haut.

Palmarosa beruhigt gereizte, empfindliche Haut und hilft bei Akne.

Pfefferminze wirkt erfrischend und klärend.

Rosenöl und das günstigere Rosenblütenwasser eignen sich hervorragend zur täglichen natürlichen Gesichtspflege. Rose ist überaus hautpflegend, glättet Fältchen, spendet viel Feuchtigkeit und beruhigt gerötete und empfindliche Haut.

Rosmarin hilft bei Akne, hat eine anregende und belebende Wirkung und fördert die Durchblutung (nicht bei Bluthochdruck, Hautrötungen oder Couperose anwenden).

Sandelholz ist mit seinem sinnlichen, balsamischen Duft beliebt in Parfüms und ist zugleich ein sehr wirksames Hautpflegeöl.

Teebaumöl beziehungweise das bekannte **Tea-Tree-Oil** aus Australien ist nicht mehr wegzudenken aus der Hausapotheke als natürliches Mittel für die Mundpflege, bei Akne, Fusspilz, Juckreiz und für die Insektenabwehr. Eine Alternative zu Teebaumöl ist ätherisches **Manukaöl.**

Vanille beruhigt, duftet warm-balsamisch und ist besonders beliebt bei Kindern, denn der Duft erinnert an Süsses. Vanille bildet eine gute Basis für Parfüms und Körperöle.

Wacholder wirkt entschlackend und entwässert das Gewebe.

Ylang-Ylang ist sehr sinnlich, wirkt entspannend, haut- und haarpflegend und kann bei Hautjucken, bei fettiger sowie bei trockener Haut helfen.

QUARK UND JOGHURT

Quark und Joghurt sind äusserlich angewendet ein altbewährtes Hausmittel. Dank der Milchsäure, welche auf der Haut abschwellend und schmerzlindernd wirkt, helfen Quarkwickel zum Beispiel bei Halsschmerzen und Gelenkentzündungen.

Auch in der Körperpflege werden Quark und Joghurt eingesetzt, um die Durchblutung der Haut anzuregen, um unreine, fettige Haut und Akne auszugleichen sowie um Sonnenbrand, Juckreiz und Ekzeme zu mildern.

Quark und Naturjoghurt sind wunderbare Basiszutaten für Gesichtsmasken, denn sie sorgen für eine gute Maskenkonsistenz. Am besten eignen sich Vollfett-Joghurt oder -Quark, insbesondere bei trockener Haut. Viertelfett- und Halbfett-Varianten funktionieren aber auch. Wie auch beim Obst und Gemüse ist Bio-Qualität zu empfehlen.

TON- UND HEILERDEN, HAFER UND CO.

Ton- und Heilerden wurden bereits in der Antike zur Schönheitspflege eingesetzt und sind auch heute noch unbedingt zu empfehlen für die Detox-Reinigung, Pflege und Verschönerung der Haut.

Die mineralienreichen Erden sorgen für die Wiederherstellung des natürlichen Gleichgewichts der Haut und sind für alle Hauttypen geeignet. Die Farbe der Ton- und Heilerden ist unterschiedlich, je nach mineralischer Zusammensetzung. Sie enthalten ausser Jod alle lebenswichtigen Mineralstoffe in ihrer natürlichen Zusammensetzung. Der hohe Gehalt an Kieselsäure, meist um 50 Prozent, hilft zudem, die Haut zu straffen.

Schmutz und Fett werden aufgesaugt und schonend entfernt.

Wichtig: Für die Verarbeitung von Ton- und Heilerden sollten immer Gefässe und Geräte aus Keramik, Ton oder Holz benutzt werden, denn der Kontakt mit Metall kann Oxidationsprozesse auslösen.

Hafer enthält unter anderem hochwertige Pflanzenfette, Mineralien und Vitamine. Diese gesunde Müslizutat eignet sich auch wunderbar als Peelingsubstanz und ist für sehr sensible Haut, die gar keinen Schaum verträgt, eine sanfte Reinigungsalternative.

Mandeln – gemahlene Mandeln oder Mandelmehl – können wie Hafer oder Heilerde in Rezepten verwendet werden, um die Haut sanft zu reinigen und zu pflegen. Mandelmehl bindet und löst Schmutz, ohne den Feuchtigkeitsmantel der Haut auszutrocknen, und wirkt ausgleichend.

SÜSSES, SALZIGES UND SAURES

Die Heilwirkung von Zitrone und Essig wird als altes Hausmittel in Hals- oder Wadenwickeln zur Linderung von Schmerzen und Fieber eingesetzt. In natürlicher Kosmetik ist die verdünnte Zitronen- oder Essigflüssigkeit ein wichtiger Bestandteil von Masken oder Haarspülungen, um Hautreizungen zu behandeln, um zu reinigen und um die Durchblutung zu verbessern.

Zucker und Honig sind in der Hautpflege, in Gesichtsmasken und Peelings geniale Feuchtigkeitsspender, sie reinigen und beruhigen die Haut. Zucker und Honig aus dem Bio-Fachhandel garantieren eine gute Quali-

tät und Fairtrade-Bedingungen bezüglich der Herkunft und Ernte dieser Rohstoffe. Vollrohrzucker enthält alle Mineralstoffe des Zuckerrohrsaftes. Flüssighonig eignet sich besonders gut für frische Kosmetik-Rezepte.

Salz ist eine weitere natürliche Peelingsubstanz. Naturbelassenes Salz oder Meersalz wird oft in Körperpeelings eingesetzt. Es reinigt, desinfiziert und beruhigt die Haut mit seinen Spurenelementen und Mineralien.

Natron (Soda) macht nicht nur den Kuchen luftig, es neutralisiert zudem unangenehme Gerüche, zum Beispiel im Kühlschrank oder in der Spülmaschine. Und es hilft auch bei Körpergeruch in einem natürlichen Deodorant.

DIE REZEPTE

- REINIGUNGSPRODUKTE
- KRÄUTERTONICS UND KOMPRESSEN
- GESICHTSPFLEGE
- HAARPFLEGE
- KÖRPERPFLEGE
- MASKEN UND PEELINGS

REINIGUNGS-PRODUKTE

Die besten natürlichen Reiniger sind echte Naturseifen. Das sind Seifen, die seit Jahrhunderten mit pflanzlichen Ölen und Lauge hergestellt werden. Der einzige Nachteil von Naturseifen ist, dass sie in den Augen brennen. In vielen handelsüblichen Seifen, Shampoos, Duschgels und Gesichtsreinigern sind aggressive Schaumstoffe wie Natriumlaurylsulfat (SLS) enthalten, welche sich ungünstig auf den Säureschutzmantel der Haut auswirken.

Naturkosmetische Alternativen zu Naturseifen und konventionellen Produkten enthalten sanftere Schaumstoffe aus Zucker- und Kokosverbindungen. Diese Produkte brennen nicht in den Augen und eignen sich für die Reinigung des ganzen Körpers sowie auch zum Entfernen von Augen-Make-up. Wer überhaupt keine Seifen verträgt, kann zu Ölen, Ton- und Heilerden, Hafer- oder Mandelmehl greifen. Mit diesen Zutaten lassen sich sanfte Reinigungsprodukte ganz ohne Schaum herstellen.

SANFTE GESICHTSREINIGUNG MIT HAFER

Die Gesichtsreinigung mit Hafer ist für alle Hauttypen geeignet. Besonders sensible Haut profitiert von dieser wohltuenden, sanften Methode, die Schmutz löst, ohne den Feuchtigkeitsmantel der Haut zu reizen. Zum gründlichen Entfernen von Make-up ist sie allerdings nicht geeignet.

Für ca. 5 Anwendungen

2 EL	Haferflocken und/ oder Mandeln
1 TL	Flüssighonig oder Manukahonig
1 TL	Heilerde, Wascherde oder Rassoul

Nach Bedarf einige Tropfen ätherisches Kamillen- oder Rosengeraniumöl

Hafer (und/oder Mandeln) in einem Mörser ganz fein zerreiben. Alle restlichen Zutaten mit den Fingern zusammenmischen und in ein Gefäss abfüllen.

Anwendung

Die Hände und das Gesicht mit Wasser befeuchten. ½ TL der Mischung in der Hand mit etwas Wasser zu einer Paste mischen, sodass die Mischung etwas aufquillt und sich gut auf dem Gesicht verteilen lässt. Ganz sanft auf die Haut drücken und mit kreisenden Bewegungen einmassieren. Anschliessend mit lauwarmem Wasser abwaschen.

QUICK-REINIGUNGS-MILCH

Die Gesichtsreinigung mit Öl und einem neutralen Waschgel ist die gründlichste Methode. Auch Augen-Make-up wird damit komplett entfernt. Im Naturkosmetik-Fachhandel sind viele neutrale, ph-hautfreundliche Waschgels auf der Basis von Zucker- und Kokostensiden erhältlich. Für sensible Haut gibt es Varianten ganz ohne Duftstoffe und mit besonders sanften Konservierungsstoffen. Diese Produkte eignen sich für die Reinigung des Gesichts und des ganzen Körpers.

Für 1 Anwendung

½ TL Mandelöl (alternativ: Oliven-, Rapsöl oder eine Basisölmischung)

½ TL Naturkosmetik-Reinigungsschaum oder Waschgel (evtl. neutral, ohne Duft)

Anwendung

Öl und Schaum oder Gel in der Hand zusammenmischen und mit Wasser aufschäumen. Auf Gesicht, Hals und Dekolleté auftragen und sanft einmassieren, dann mit lauwarmem Wasser abwaschen.

ÖL- UND WASSER-GESICHTS-REINIGUNG

Diese einfache Gesichtsreinigung eignet sich besonders für alle diejenigen, die sich nicht schminken, oder auch für die Waschroutine am Morgen. Die Haut wird massiert, das Öl löst Verschmutzungen und die Kompresse wirkt wohltuend und entspannend. Die Poren öffnen sich und die Haut kann anschliessend die Pflege optimal aufnehmen.

Für 1 Anwendung

½ TL	Basisöl (zum Beispiel Mandelöl, Jojobaöl oder auch eine Basisölmischung)

Anwendung

Hände und Gesicht mit lauwarmem Wasser befeuchten.
Das Öl mit den Händen auf dem Gesicht einmassieren. Einen Waschlappen oder ein Mulltuch in lauwarmes Wasser tauchen und auswringen. Das Tuch für einige Sekunden auf das ganze Gesicht pressen, dann das Öl sanft abwischen. Mehrmals wiederholen, je nach Bedarf. Anschliessend eine Gesichtspflege auftragen.

DEIN WASCHGEL-MIX FÜR HAUT UND HAAR

Diese individuelle Waschgelmischung kann für Gesicht, Körper, Haare sowie als Handseife verwendet werden.

Für 100 ml

100 ml	neutrales, mildes Waschgel oder Shampoo ohne Duft
5–10 Tropfen	ätherische Öle*

Zuerst das ätherische Öl, dann das Waschgel in eine Flasche füllen. Die Flasche hin- und herbewegen beziehungsweise nur ganz leicht schütteln.

* *Es gibt keine Regel für die richtige Duftölmischung, die Nase entscheidet einfach, was sie mag. Kinder lieben besonders den Duft von Minze, Zitrone, Mandarine, Lavendel und Vanille. Erwachsene schätzen beispielsweise Rosmarin gemischt mit Grapefruit oder Limette für die Morgendusche. Für empfindliche Hauttypen sind ein paar wenige Tropfen Kamille, Koriander, Palmarosa, Melisse, Lavendel fein, Rose oder Ylang-Ylang zu empfehlen.*

Mein

Seifenkraut-Waschlotion für Haare und Körper

Seifenkraut kann bei Hautschorf, Hautreizungen und Akne als milde Waschalternative eingesetzt werden.

Für 500 ml

5–8 EL	Seifenkraut mit oder ohne Wurzeln (erhältlich in der Apotheke)
1 EL	Ringelblumen- oder Kamillenblüten
1 EL	Lavendelblüten oder Pfefferminzblätter
1 l	Wasser

Wasser mit Seifenkraut aufkochen, die Hitze verringern und die Flüssigkeit ohne Deckel köcheln lassen, bis sie um die Hälfte reduziert ist. Die Blüten beziehungsweise Blätter dazugeben und 30 Minuten ziehen lassen. Durch ein Sieb abfiltern, auskühlen lassen und dann in eine Flasche abfüllen.

Anwendung
Die nur ganz leicht schäumende Seifenkraut-Waschlotion kann wie ein Duschgel oder Shampoo benutzt werden. Bei kühler Lagerung ist die Lotion etwa 2 Wochen haltbar.

Seifenkrautwas

KRÄUTERSÄCKLI FÜR EIN VOLLBAD

Ein Badewannen-Wellness-Produkt, das ganz einfach herzustellen ist. Hafer macht die Haut samtig-weich. Die Säckli sind auch eine schöne Geschenkidee.

Für 2–3 Säckli

Beruhigend:

4–5 EL Lavendel oder Melissenblätter*

2–3 EL Haferflocken

Vitalisierend:

4–5 EL Thymian oder Rosmarinblätter*

2–3 EL Haferflocken

Zubereitung

Die Zutaten in ein Baumwollsäckli füllen und dieses zubinden.

Anwendung

Badewasser einlassen und das Säckli ins Wasser legen. Vor dem Bad den ganzen Körper mit einem Pflegeöl einmassieren. Dann ab in die Badewanne für etwa 15 Minuten. Das Säckli kann wie ein Waschlappen benutzt werden, um den ganzen Körper zu reinigen. Mit kreisenden, sanften Bewegungen bei den Füssen beginnend nach oben streichen.

---

* *Für einen intensiveren Duft kann man noch einige Tropfen ätherisches Öl zur Kräuter-Haferflocken-Mischung hinzutröpfeln.*

HEILERDE-SHAMPOO

Ton- und Heilerden sind für alle Haut- und Haartypen geeignet. Schmutz und Fett werden aufgesaugt und schonend entfernt. Das Heilerdeshampoo ist besonders für gereizte Kopfhaut, die gar keine Schaumstoffe verträgt, ideal.

Für 1 Anwendung

2–4 EL	Tonerde, Heilerde oder Rassoul (Menge je nach Haarlänge)
1–2 dl	lauwarmes Wasser oder abgekühlter Kräutertee (zum Beispiel Minze)

Bei trockenem Haar: ein Eigelb

Erde, Flüssigkeit und eventuell ein Eigelb in einem Krug miteinander vermischen.*

Anwendung

Die Mischung kopfüber in das Haar giessen. Leicht einmassieren und eine Minute einwirken lassen. Gut spülen. Bei stark schmutzigem oder fettigem Haar ein zweites Mal waschen. Anschliessend gründlich mit lauwarmem Wasser spülen.

** Für die Verarbeitung von Ton- und Heilerden sollten immer Geräte aus Keramik, Ton oder Holz verwendet werden, denn der Kontakt mit Metall kann Oxidationsprozesse auslösen.*

SCHACHTELHALM-HAARPUDER

Statt die Haare nass zu waschen, kann man sie zwischendurch auch mit diesem Trockenshampoo wieder frisch und luftig machen. Es eignet sich für normales und fettiges Haar.

Für 100 g

60 g Heilerde, Tonerde oder Maisstärke

40 g getrocknetes Schachtelhalmkraut oder -Pulver (erhältlich in der Apotheke)

Nach Bedarf 10 Tropfen ätherisches Öl (zum Beispiel Rosmarin oder Pfefferminze)

Getrocknetes Schachtelhalmkraut im Mörser fein mahlen. In einer Schale alle Zutaten zusammenmischen und in ein Gefäss, idealerweise eines mit Streuaufsatz, abfüllen.

Anwendung

Etwa 1 EL des Haarpuders portionenweise mit den Fingern am Haaransatz verteilen und sanft einmassieren. Dann mit einer Naturbürste von allen Seiten gut durchkämmen. Die Haare dürfen nicht feucht sein, sonst klebt das Trockenshampoo darin fest.

KRÄUTER-TONICS UND KOMPRESSEN

Regelmässige Dampfbäder und Kompressen mit Heilpflanzen helfen, das Gesicht tief zu reinigen, und beruhigen gereizte oder unreine Haut. Heisse Dampfbäder und Kompressen, ideal für unreine Haut, haben die beste Reinigungswirkung. Lauwarme bis warme Kompressen eignen sich für sensible, irritierte Haut. Die Wärmewirkung fördert die Aufnahme der Heilkräuterwirkstoffe. Kalte Kompressen oder Tonics sind kühlend, beruhigend und können bei müder und matter Haut angewendet werden.

BLÜTEN-DAMPFBAD

Regelmässige Dampfbäder mit Heilpflanzen helfen, gereizte oder unreine Haut zu beruhigen. Geeignete Heilpflanzen sind beispielsweise:
Lindenblüte, beruhigt empfindliche Haut.
Stiefmütterchen, wird bei Ekzemen und Akne angewendet.
Gänseblümchen, wirkt gut bei Hautunreinheiten.
Schafgarbe, eignet sich bei fettiger und unreiner Haut sowie bei Akne.

Für 1 Anwendung

1 EL	Heilpflanzenkraut
½ l	Wasser

Die Heilpflanzen mit dem Wasser in einer Pfanne aufkochen, vom Herd nehmen und 3 Minuten ziehen lassen. Den Deckel erst entfernen, wenn die Anwendung beginnt.

Anwendung

Den Kopf mit einem Frotteetuch abdecken und über das dampfende Gefäss halten. Darauf achten, dass der Dampf nicht zu heiss ist, insbesondere bei Gesichtsrötungen oder Couperose. Den Dampf einige Minuten einatmen und geniessen. Dann das Gesicht trocken tupfen und ein Pflegeöl oder eine Gesichtscreme auftragen.

KLÄRENDES GESICHTS-DAMPFBAD

Anstelle von getrockneten Heilkräutern können auch ätherische Öle in Dampfbädern eingesetzt werden.

Für 1 Anwendung

2 Tropfen	Fenchelöl
2 Tropfen	Thymianöl
2 Tropfen	Lavendelöl
½ l	Wasser

oder

2 Tropfen	Teebaumöl
2 Tropfen	Pfefferminzöl
2 Tropfen	Zitronenöl
½ l	Wasser

Sehr heisses Wasser in einer Schale oder Pfanne mit dem Öl mischen.

Anwendung

Den Kopf mit einem Frotteetuch abdecken und über das dampfende Gefäss halten. Darauf achten, dass der Dampf nicht zu heiss ist, insbesondere bei Gesichtsrötungen oder Couperose. Den Dampf einige Minuten einatmen und geniessen. Dann das Gesicht trocken tupfen und ein Pflegeöl oder eine Gesichtscreme auftragen.

ROTKLEE-KOMPRESSE

Rotklee beruhigt und glättet die Haut. Bei übersensibler Haut empfiehlt es sich, lauwarmes Wasser zu verwenden und die Haut nicht zu rubbeln.

Für 1 Anwendung

1 EL	getrocknete Rotkleeblüten
½ l	Wasser

Rotkleeblüten in einer grossen Schale mit kochendem Wasser übergiessen. 15 Minuten ziehen lassen. Abseihen und etwas auskühlen lassen.
Ein Baumwolltuch in den Tee tauchen und leicht auswringen. Das Tuch 1–2 Minuten auf das Gesicht legen. Dann das Gesicht trocken tupfen und eine Gesichtspflege auftragen.

SCHACHTELHALM-KOMPRESSE FÜR STRAFFE HAUT

Schachtelhalm stärkt und strafft das Bindegewebe.

Für 1 Anwendung

5 EL	Schachtelhalm-kraut
1 l	Wasser
5 Tropfen	ätherisches Grapefruitöl

Schachtelhalm in einer Pfanne mit Wasser aufkochen, vom Herd nehmen und über Nacht stehen lassen. Am nächsten Tag nochmals aufkochen. Abfiltern und in einer grossen Schüssel auskühlen lassen. Das Duftöl dazumischen.

Anwendung

Die Anwendung erfolgt am besten am Abend, ein oder zweimal wöchentlich. 2–3 grosse Mulltücher in die Schüssel mit dem Schachtelhalmwasser geben. Die Tücher auswringen und auf Gesicht, Hals und Dekolleté legen. Einige Minuten einwirken lassen. Anschliessend ein straffendes Pflegeöl einmassieren.

SCHWARZTEE AUGEN-KOMPRESSE

Schwarztee hilft hervorragend bei entzündeter und trockener Haut, wirkt adstringierend und antibakteriell.

Für 1 Anwendung

1 TL oder 1 Beutel	Schwarztee
1 dl	Wasser

Den Schwarztee zubereiten und im Kühlschrank abkühlen lassen.

Anwendung

2 Wattepads mit dem gekühlten Tee tränken und 10–15 Minuten auf die Augen legen.*

* *Wattepads getränkt mit Rosenblütenwasser oder Gurkensaft helfen – gekühlt – die Augenpartie zu erfrischen.*

Zaubernuss-Tonic

Zaubernuss (Hamamelis) hat einen hohen Gehalt an Gerbstoffen, wirkt adstringierend und hilft bei entzündeter Haut. Alternativ oder ergänzend kann auch Eichenrinde für das Tonic verwendet werden.

Für 100 ml

1 TL	Zaubernuss und/oder Eichenrinde (erhältlich in der Apotheke)
ca. 1 dl	Wasser
evtl. 1 TL	Alkohol

Das Kraut mit kochendem Wasser übergiessen und 5 Minuten ziehen lassen. Die etwas abgekühlte Flüssigkeit durch ein Sieb in eine Flasche mit Sprühkopf abfüllen. Im Kühlschrank aufbewahrt ist das Tonic 1 Woche haltbar. Es lässt sich gut mit 1 TL Alkohol konservieren, dann ist es etwa 1 Monat lang haltbar.

Anwendung

Etwa ein bis zwei mal pro Woche abends nach der Gesichtsreinigung das Tonic auf Gesicht und Dekolleté sprühen (dabei unbedingt die Augen geschlossen halten). Anschliessend eine Gesichtspflege auftragen.

QUICK-BLÜTENWASSER MIT KAMILLE

Das Quick-Blütenwasser lässt sich mit jedem ätherischen Öl herstellen. Kamille beruhigt empfindliche, gerötete Haut.

Für 100 ml

10 Tropfen	ätherisches Kamillenöl
100 ml	Wasser
evtl. 1 TL	Alkohol

Wasser in einen sauberen, am besten nur für die Kosmetik benutzten kleinen Espressokocher einfüllen. 10 Tropfen Kamillenöl auf ein Wattepad träufeln und dieses in das Sieb legen. Das Wasser aufkochen, dann abkühlen lassen und anschliessend in eine Flasche mit Sprühkopf abfüllen.
Das Blütenwasser im Kühlschrank lagern oder mit 1 TL Alkohol konservieren (ca. 1 Monat lang haltbar).

Anwendung
Nach der Gesichtsreinigung das Blütenwasser bei geschlossenen Augen auf Gesicht und Dekolleté sprühen. Anschliessend eine Gesichtspflege auftragen.

GESICHTS-PFLEGE

Die Gesichtshaut ist ein Spiegel unserer Gesundheit und unseres Wohlbefindens. Sie reagiert auf Umwelteinflüsse, auf hormonelle Veränderungen und auch auf unsere Ernährung. Sie braucht daher eine ganzheitliche Pflege, die all diese Faktoren berücksichtigt. Ganzheitliche Pflege sorgt von innen und aussen für die Haut. Eine ausgewogene Ernährung, die die Hautzellen grosszügig mit Vitaminen, Mineralien und Wasser versorgt, bringt das Gesicht zum Strahlen. Es ist allgemein bekannt, doch immer wieder erwähnenswert: Zu einer gesunden Ernährung gehört es, ausreichend zu trinken – mindestens fünf grosse Gläser Wasser pro Tag. Es lohnt sich ausserdem auch für die Haut, den Konsum von Zucker zu reduzieren und zu mineralienreichem Vollrohrzucker oder zu Alternativen wie Ahornsirup oder Agavensirup zu greifen. Wenn der Hautzustand aus dem Gleichgewicht geraten ist, kann eine Ernährungsberatung hilfreich sein, um den Problemen auf den Grund zu gehen.

GESICHTS-SERUM

Aloe Vera ist die Pflanze der Wahl, um der Haut ganz viel Feuchtigkeit zuzuführen. Dieses Serum eignet sich hervorragend als Basispflege für alle Hauttypen, insbesondere in der warmen Jahreszeit und überall dort, wo ein heiss-feuchtes Klima herrscht.*

Für 100 ml

40 ml Aloe-Vera-Gel

60 ml Hamameliswasser (oder ein anderes Blütenwasser)

Nach Bedarf 5–10 Tropfen ätherisches Öl

Zutaten in eine Flasche abfüllen, leicht schütteln, fertig!

Anwendung

Das schnell einziehende Serum auf das gesamte Gesicht auftragen.

---

* *Dieses Gesichtsserum kann – eventuell ohne ätherische Öle – auch als fettfreie Augenpflege eingesetzt werden. Bei trockener Haut ist Rosenwasser für die Herstellung des Serums zu empfehlen. Für eine reichhaltigere Pflege können bei jeder Anwendung einige Tropfen Gesichtsöl dazugemischt werden.*

Basis-Gesichtsöl

Pflanzenöle machen die Haut weich und elastisch. Durch eine Gesichtsmassage mit Öl wird die Haut besser durchblutet und der Teint frischer. Bei normaler Haut können gut verschiedene Basisöle und Mischungen ausprobiert werden, um das ideale, individuell zur Haut passende Öl zu finden.*

Für 100 ml

60 ml	Rapsöl (oder ein anderes Basisöl)
30 ml	Jojobaöl
½ TL	Hagebuttenöl (Wildrosenöl)

Nach Bedarf 5–10 Tropfen ätherisches Öl (zum Beispiel Rosengeranie, Lavendel)

Alle Öle in eine Flasche abfüllen und leicht schütteln. Pumpaufsätze eignen sich nicht gut für Öle, da sie verkleben können. Pipetten oder Deckel mit Ausgussring sind praktische Alternativen.

Anwendung
Abends und/oder morgens nach der Reinigung einige Tropfen Öl auf dem Gesicht einmassieren. Anschliessend nach Bedarf ein Serum auftragen.

** Dieses Gesichtsöl eignet sich wie auch die folgenden Rezept-Varianten zur Verwendung in der Quick-Reinigungsmilch.*

Basis
Gesichtsö

NÄHRENDES GESICHTSÖL

Dieses Gesichtsöl eignet sich gut für trockene und reife Haut.

Für 100 ml

50 ml	Arganöl
40 ml	Jojobaöl
1 TL	Granatapfelkernöl und/ oder Hagebuttenöl

Nach Bedarf 5–10 Tropfen ätherisches Öl (zum Beispiel Rose, Palmarosa, Rosengeranium, Ylang-Ylang)

Alle Öle in eine Flasche mit Ausgussring oder Pipettenverschluss abfüllen und leicht schütteln.

Anwendung
Abends und/oder morgens nach der Reinigung einige Tropfen Öl auf dem Gesicht einmassieren. Anschliessend nach Bedarf ein Serum auftragen.
Ein- bis zweimal pro Woche kann abends nach der Reinigung eine grössere Menge des Öls einmassiert und anschliessend eine nährende Gesichtsmaske aufgetragen werden.

GESICHTSÖL-KUR

Diese Kur empfiehlt sich bei trockener und reifer Haut ein- bis zweimal jährlich, am besten je für eine Woche im Frühling und im Herbst.

Für 7 einzelne Portionen

7-mal ½ TL	Granatapfelkernöl und/oder Hagebuttenöl
7-mal je ½ TL	Aloe-Vera-Gel

Zutaten direkt vor der Anwendung in der Hand zusammenmischen.

Anwendung
Abends nach der Gesichtsreinigung die Ölkur auf die gereinigte Gesichtshaut, um die Augen, auf das Dekolleté und auch auf die Lippen auftragen und sanft einmassieren. Über Nacht einwirken lassen. Am nächsten Morgen wie gewohnt das Gesicht waschen und pflegen.

KLÄRENDES GESICHTSÖL

Unter den Basisölen finden sich verschiedene Öle, die ideal sind für die Pflege von fettiger, unreiner Haut. Es lohnt sich, verschiedene Öle und Mischungen auszuprobieren, um die individuell passenden zu finden. Für eine leichte Pflege, welche schnell einzieht, kann eine Portion Öl jeweils mit einer Portion Gesichtsserum gemischt werden.

Für 100 ml

40 ml Traubenkernöl

40 ml Aprikosenkernöl

20 ml Jojobaöl

Je 3 Tropfen ätherisches Öl (zum Beispiel Bergamotte, Lavendel, Teebaum)

Alle Öle in eine Flasche mit Ausgussring oder Pipettenverschluss abfüllen und leicht schütteln.

Anwendung
Abends und/oder morgens nach der Reinigung einige Tropfen Öl auf dem Gesicht einmassieren. Anschliessend nach Bedarf ein Serum auftragen.

SANFTES GESICHTSÖL

Dieses Öl ist besonders geeignet bei sensibler, gereizter und geröteter Haut.*

Für 100 ml

40 ml Mandelöl

20 ml Kokosöl

40 ml Jojobaöl

Nach Bedarf 5–10 Tropfen ätherisches Öl: Kamille, Rosengeranie oder Lavendel

Das Kokosöl leicht erwärmen, dann alle Zutaten in eine Flasche abfüllen.

Anwendung
Abends und/oder morgens nach der Reinigung einige Tropfen Öl auf dem Gesicht einmassieren. Anschliessend nach Bedarf ein Serum auftragen.

* *Bei sensibler Haut empfiehlt es sich, besonders sanft mit der Haut umzugehen: keine oder wenig Duftöle, immer lauwarmes Wasser verwenden, die Haut nicht rubbeln.*

öl mild

KOKOS-KAKAO-LIP-UND-EYEBALM

Diese reichhaltige Pflege für die Augen- und Lippenpartie beugt Hautirritationen vor, macht die Haut geschmeidig und verhindert das Austrocknen.

Für 50 g

4 g	Bienenwachs oder anderes Wachs (2 g Bienenwachs = 1 kleiner Teelöffel)
15 g	Kokosöl
15 g	Kakaobutter
15 g	Arganöl (oder Walnussöl)
½ TL	Hagebuttenöl

Nach Bedarf 5 Tropfen ätherisches Öl (zum Beispiel Rosen- oder Melissenöl)

Bienenwachs mit Kokosöl und Kakaobutter in einer Schüssel über einem Wasserbad langsam erhitzen. Sobald das Wachs geschmolzen ist, die Schüssel vom Herd nehmen und den Inhalt durch Rühren mit einem Schwingbesen etwas abkühlen lassen. Dann das Arganöl hinzufügen. Wenn die Masse nur noch lauwarm ist, das Hagebuttenöl und gegebenenfalls die Duftöle dazumischen. Weiterrühren, bis eine Mayonnaise-Konsistenz entsteht. In Döschen mit Deckel abfüllen.

Anwendung
Als letzten Pflegeschritt abends den Balsam auf die Lippen auftragen und mit sanften Strichen von innen nach aussen um die Augenpartie herum einmassieren.

eye
balm

HONIG-SOS-LIPPENPFLEGE

Honig macht gereizte Haut wieder zart und ist in der Lage, stark gerötete Lippen zu beruhigen.

Für 1 Anwendung

½ TL	Flüssighonig oder Manukahonig

Anwendung

Mehrmals täglich die Lippen mit Honig bestreichen und kurz einwirken lassen. Abwaschen – oder ablecken – und eine Pflegecreme oder einen Balsam dick auftragen.*

** Trockene Lippen können auch mit einer weichen Zahnbürste sanft massiert werden. Die Massage regt die Durchblutung an und wirkt wie ein sanftes Peeling. Anschliessend etwas Butter oder Ghee (ayurvedische geklärte Butter) auftragen.*

HAAR-PFLEGE

Bei der Pflege von Haaren und Kopfhaut gilt in jedem Fall: Weniger ist mehr! Die Haare sollten nur dann gewaschen werden, wenn es nötig ist. Manchmal genügt auch ein Trockenshampoo. Starkes Rubbeln reizt die Kopfhaut unnötig und sollte vermieden werden. Shampoo-Schaum muss immer gründlich ausgewaschen werden, damit Haare und Kopfhaut nicht mit Rückständen belastet sind. Bürsten aus Naturmaterialien wie Holz und Wildschweinborsten entwirren nicht einfach nur, sie tun Haaren und Kopfhaut richtig gut, indem sie die Durchblutung anregen und einem schnellen Nachfetten entgegenwirken.

Wer bislang silikonhaltige Shampoos verwendet hat, wird bei der Umstellung zu natürlicher Haarpflege wahrscheinlich etwas Geduld haben müssen, bis die Silikon-Ablagerungen aus dem Haar entfernt sind. Silikone legen sich wie ein Film um die einzelnen Haare und lassen sie im Moment stark und glänzend aussehen, während sie die Aufnahmefähigkeit der Haare für pflegende Inhaltsstoffe herabsetzen.

AVOCADO-HAARPFLEGE-MASKE

Avocado eignet sich wunderbar zur Beruhigung von rauer, schuppiger Kopfhaut und zur Regeneration von trockenem, strapaziertem Haar.

Für 1 Anwendung

(Die Menge kann je nach Haarlänge angepasst werden.)

2–4 EL	Avocadoöl oder frische Avocadofrucht
1 EL	Zitronensaft
1 TL	Flüssighonig oder Manukahonig

Nach Bedarf 5 Tropfen ätherische Öle (wie Palmarosa, Melisse, Lavendel, Rose)

Alle Zutaten in einer Schüssel zusammenmischen.

Anwendung

Mit warmem Wasser die Haare anfeuchten und sie leicht auswringen. Die Pflegemaske auftragen und sanft in die Kopfhaut einmassieren. Anschliessend die Haare mit Küchenpapier und mit einem Badetuch umwickeln. 30 Minuten einwirken lassen. Dann die Haare gründlich waschen und abschliessend mit einer Haarspülung pflegen.

HAARPACKUNG BEI FETTIGEM HAAR

Klettenwurzelöl beruhigt schuppige und gereizte Haut, hilft bei Entzündungen und fördert das Haarwachstum. Bei Schuppen kann als alternatives Öl auch Traubenkernöl eingesetzt werden.

Für 1 Anwendung

(Die Menge kann je nach Haarlänge angepasst werden.)

1–2 EL Klettenwurzelöl (Traubenkern- oder Walnussöl)

1–2 TL Heilerde

1–2 EL Naturjoghurt

5 Tropfen ätherisches Öl (zum Beispiel Rosmarin, Teebaum, Minze, Lavendel oder Zitrusöl)

Alle Zutaten in einer Schüssel mit einem Holz- oder Keramiklöffel zusammenmischen.

Anwendung

Die Haare mit warmem Wasser anfeuchten und auswringen. Die Haarpackung auftragen und sanft in die Kopfhaut einmassieren. Mit Küchenpapier und mit einem Badetuch die Haare umwickeln. 30 Minuten einwirken lassen. Dann die Haare zwei- bis dreimal shampoonieren, gut ausspülen und abschliessend mit der Haarspülung bei Schuppen pflegen.

HAARSPÜLUNG BEI SCHUPPEN

Diese Haarspülung eignet sich gut für gereizte, schuppige Kopfhaut und fettiges Haar.

Für 1 Anwendung

½ l	Wasser
2 TL	Brennnessel- und Pfefferminzblätter (oder je 1 Beutel Brennnessel- und Pfefferminztee)
2 TL	Apfelessig

Nach Bedarf 5 Tropfen ätherisches Öl (zum Beispiel Rosmarin, Minze, Lavendel)

Das Wasser aufkochen und mit den Blättern (oder Teebeuteln) einen Brennnessel-Minze-Tee zubereiten. Den Tee abseihen und abkühlen lassen. Dann den Essig und die Duftöle dazumischen.

Anwendung
Nach dem Haarewaschen die Haarspülung kopfüber mit einem Krug auf das noch nasse Haar giessen. Anschliessend die Haare auswringen, nicht mehr mit Wasser nachspülen.

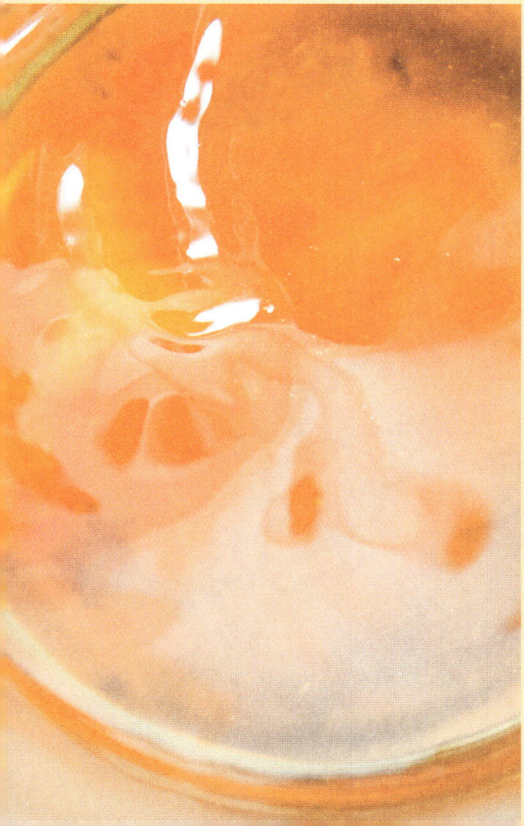

800
600
400
200
approx.vol.

KAMILLEN-HAARSPÜLUNG

Diese Spülung hellt blondes Haar auf und macht es weich. Die Kopfhaut wird gestärkt.

Für 1 Anwendung

½ l	Wasser
3 TL	getrocknete Kamillenblüten, Lindenblüten und/oder Ringelblumenblüten
2 TL	Zitronensaft

Nach Bedarf 5 Tropfen ätherisches Öl (zum Beispiel Grapefruit oder Zitrone)

Blütenblätter in ½ Liter Wasser etwa 5 Minuten köcheln lassen.
Vom Herd nehmen und 5 Minuten ziehen lassen. Die Flüssigkeit abseihen und abkühlen lassen. Zitronensaft und Duftöle dazumischen und in einen Krug abfüllen.

Anwendung
Nach dem Waschen die Haarspülung kopfüber mit einem Krug auf das noch nasse Haar giessen. Die Haare auswringen und trocknen, nicht mehr mit Wasser nachspülen.

ROOIBOS-HAARSPÜLUNG

Diese Haarspülung bringt Glanz in dunkles Haar, macht es weich und stärkt die Kopfhaut.

Für 1 Anwendung

½ l	Wasser
3 TL	getrocknete Rooibos-, Rosmarin- und/oder Salbeiblätter
2 TL	Apfelessig

Nach Bedarf 5 Tropfen ätherisches Öl (zum Beispiel Rosmarin oder Zitrus) *

Die Blätter im Wasser etwa 5 Minuten kochen. Dann vom Herd nehmen und 5 Minuten ziehen lassen. Abseihen und abkühlen.
Essig und Duftöle dazumischen und die Spülung in einen Krug abfüllen.

Anwendung
Nach dem Waschen die Haarspülung kopfüber mit einem Krug auf das noch nasse Haar giessen. Die Haare auswringen und trocknen, nicht mehr mit Wasser nachspülen.

** Für mehr Haarvolumen und Halt noch 1 TL Honig zur Haarspülung mischen.*

BIRKEN-HAARWASSER

Das Haarwasser ist geeignet für normales bis fettiges Haar. Birke und Salbei klären die Kopfhaut und fördern ein gesundes Haarwachstum.

Für 200 ml

100 ml Birkenwasser oder -saft (erhältlich in Drogerien und im Bio-Fachhandel)

50 ml Salbei-Blütenwasser (zubereitet mit ätherischem Salbeiöl nach dem Rezept für Quick-Blütenwasser)

50 ml Aloe-Vera-Saft oder Gel

evtl. 2 TL Alkohol für längere Haltbarkeit

Das Salbei-Blütenwasser zubereiten und dann alle Zutaten in einer Flasche zusammenmischen und schütteln.

Anwendung

Nach dem Haarewaschen eine kleine Menge auf das handtuchtrockene Haar auftragen und in die Kopfhaut einmassieren. Nicht auswaschen.

KÖRPER-
PFLEGE

Die Haut, Oberfläche unseres Körpers, ist Feuchtigkeitsspeicher, Wärmeregulator, Schutzschild und nicht zuletzt mit 1,8 Kubikmetern unser grösstes Organ. Natürliche Körperpflege unterstützt die Haut in ihren komplexen Funktionen auf der Basis von naturbelassenen Ölen und Fetten. Im Gegensatz zu Pflegeprodukten auf Mineralölbasis legt sich ein naturbelassenes Körperöl nicht bloss wie ein Film auf die Hautoberfläche, sondern wird von der Haut absorbiert. So aufgenommen dringen Wirkstoffe in tiefere Hautschichten vor und stärken die Haut umfassend. Auszüge aus Heilpflanzen und Kräutern unterstützen die Haut zusätzlich und ätherische Öle sorgen zudem auch für angenehmen Duft in Deos und Naturparfüms.

RINGELBLUMEN-ÖLAUSZUG

Die Ringelblume, auch bekannt als Calendula, eignet sich gut für die Herstellung von Ölauszügen, sogenannter Mazerate. Dabei werden die Wirkstoffe der Heilpflanze «ausgezogen», indem die Pflanzenteile in Olivenöl oder einem anderen Basisöl angesetzt werden.*

Für 1 Glas

1 kleine Handvoll	Ringelblumenblüten, getrocknet
ca. 50 ml	Rapsöl (alternativ Oliven- oder Jojobaöl)

Blüten mit dem Öl in einer Schüssel über einem Wasserbad leicht erhitzen. Hitze auf das Minimum reduzieren und ohne Deckel 1 Stunde köcheln lassen, dann 1 weitere Stunde ziehen lassen, ebenfalls ohne Deckel. Anschliessend durch ein Sieb abseihen.

Anwendung

Als Basisöl wirkt der Ölauszug Entzündungen entgegen, beruhigt die Haut und kann zur Wundheilung eingesetzt werden.

---

* *Ein Ölauszug nach diesem Rezept lässt sich auch mit anderen getrockneten Heilkräutern wie Schafgarbe, Kamille, Stiefmütterchen oder Gänseblümchen herstellen. Ausserdem können für den Ölauszug auch frische Pflanzen verwendet werden. Wenn frische Pflanzen verarbeitet werden, sollte man das Material einen Tag anwelken lassen. So verdunstet ein grosser Teil des Wassergehalts, die Schimmelgefahr wird verringert. Mit frischen Pflanzen sollte der Ölauszug direkt in der Pfanne, nicht im Wasserbad, hergestellt werden und länger köcheln.*

RINGELBLUMEN-KRÄUTERSALBE

Für 50 ml

8–10 g Bienenwachs (ca. 4 kleine Teelöffel)

40 ml Ringelblumenöl-Auszug (Herstellung nach vorherigem Rezept)

Nach Bedarf 5 Tropfen ätherisches Öl (zum Beispiel Melisse, Minze oder Lavendel)

Das Bienenwachs in einer Schüssel über einem Wasserbad bei mittlerer Hitze langsam schmelzen. Die Schüssel vorsichtig aus dem Wasser nehmen. Das Wachs kurz auskühlen lassen. Am schnellsten geht dies, wenn es mehrmals durchgerührt wird. Dann das Ringelblumenöl dazumischen und weiterrühren. Wenn die Masse nur noch lauwarm ist, die Tropfen Duftöl dazugeben. Die Masse in Döschen mit Deckel abfüllen und beschriften. Bei kühler und dunkler Lagerung hält dieser Balsam bis zu einem Jahr.

Anwendung

Die Salbe nach Bedarf auf trockene und gereizte Hautstellen auftragen.*

---

* *Diese Salbe eignet sich zum Beispiel hervorragend für eine Babypo-Salbe, dazu 1 Tropfen Teebaum-Duftöl (oder Lavendel fein) und 1 Tropfen Palmarosa-Duftöl beimischen.*

JOHANNISKRAUT-ROTÖL

Die Heilpflanze soll am wirksamsten sein, wenn man sie um den 21. Juni zur Sommersonnenwende hin pflückt. Johanniskraut hilft bei entzündeter Haut, lindert Sonnenbrand und hilft bei Prellungen und Gelenkschmerzen.

Für ein Glas oder mehrere Gläser

Johanniskraut, frisch geerntet

Olivenöl, Rapsöl oder ein anderes Basisöl

(Mengen je nach «Ernteertrag» und Grösse der Gläser anpassen.)

Den oberen Teil des Pflanzenkrauts mit den Blüten und Knospen abschneiden und mit einem Löffel oder in einem Mörser etwas anquetschen. Blüten und Knospen in ein grosses Glas geben und mit Öl bis zum Glasrand auffüllen. Unbedingt darauf achten, dass alle Blüten gut mit Öl bedeckt sind, damit sich kein Schimmel bilden kann. Mit einem Tuch oder einer Gaze das Glas abdecken und es an einem sonnigen Ort 1 Woche lang stehen lassen. Alle 2 Tage umrühren. Dann das Glas mit einem Deckel schliessen und weitere 2 Wochen stehen lassen. 1–2-mal pro Woche das Glas gut umrühren. Nach 3–4 Wochen das fertige Johanniskraut-Rotöl durch ein Sieb filtern, in mehrere kleine Flaschen abfüllen und mit dem Datum beschriften. Bei dunkler, kühler Lagerung ist das Öl bis zu einem Jahr haltbar.

Anwendung

Das Öl nach Bedarf in betroffene Hautstellen einmassieren.

AFTER-SUN-PFLEGEGEL

Dieses Gel ist eine ideale Hautpflege nach dem Sonnenbaden. Johanniskraut mindert Rötungen und regeneriert, Aloe Vera, Rosenblütenwasser und Lavendel kühlen und beruhigen gereizte Haut.

Für 100 ml

20 ml Johanniskraut-Rotöl (Herstellung nach vorherigem Rezept)

40 ml Aloe-Vera-Gel

40 ml Rosenblütenwasser (oder ein anderes Blütenwasser)

Nach Bedarf 10 Tropfen ätherisches Öl (zum Beispiel Lavendel)

Die Zutaten in einer Flasche zusammenmischen und gut schütteln.

Anwendung

Nach dem Sonnen grosszügig auftragen.

MINZE-GEL FÜR MÜDE BEINE

Dieser Pfefferminze-Aloe-Vera-Mix wirkt erfrischend und klärend. An heissen Tagen im Sommer eine kühle Wohltat für die Beine!

Für 100 ml

50 ml	Aloe-Vera-Gel
50 ml	Pfefferminzwasser (mit ätherischem Öl hergestellt nach dem Rezept für Quick-Blütenwasser)

Das Pfefferminzwasser herstellen und mit dem Aloe-Vera-Gel in eine Flasche mit Pumpaufsatz oder Flipdeckel umfüllen. Leicht schütteln.

Anwendung

Beine und Füsse mit dem Minzegel sanft massieren und für einige Minuten hoch lagern.

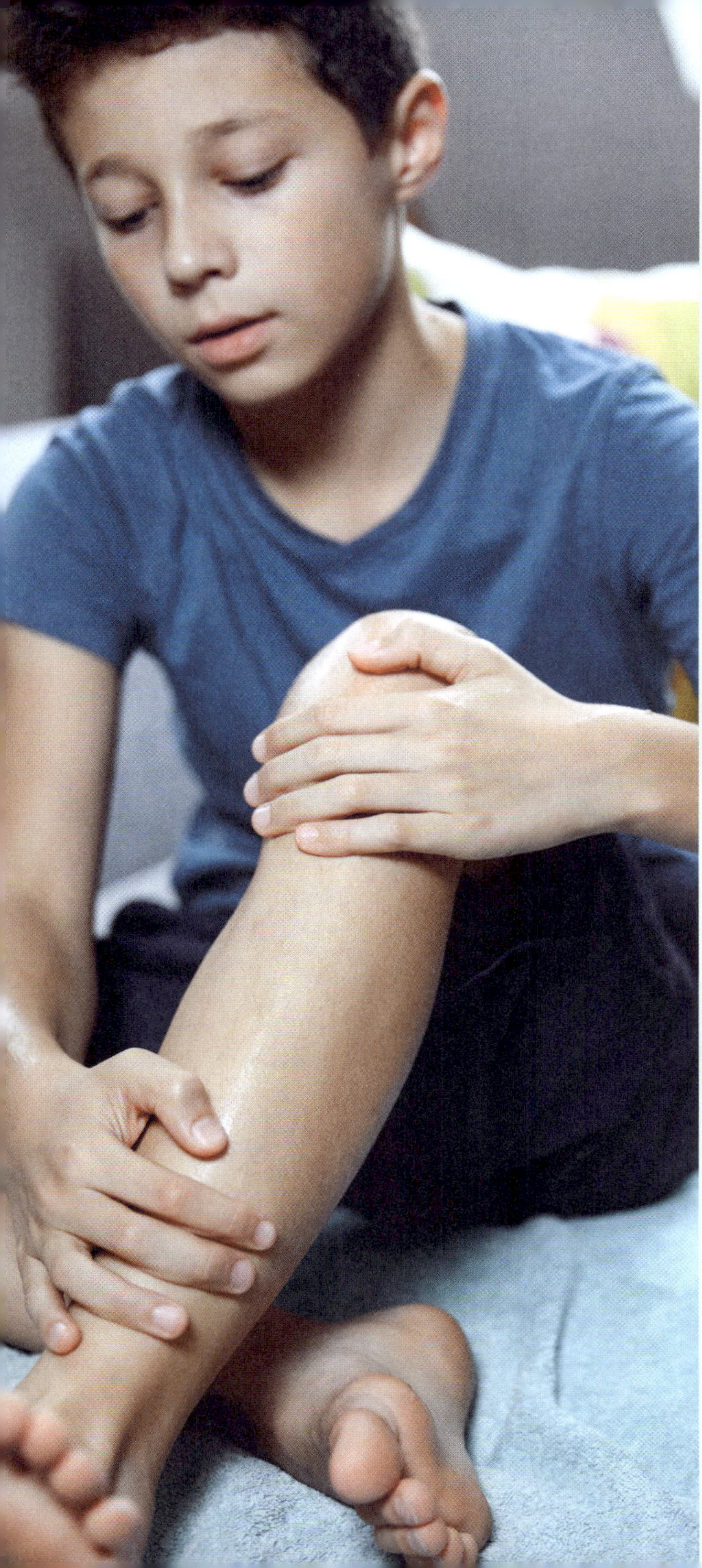

STRAFFENDES KÖRPER-PFLEGEÖL

Rosmarin und Wacholder straffen und pflegen die Haut. Da sie stark anregen, sollten diese Öle nur in geringer Menge eingesetzt und nicht bei Bluthochdruck oder in der Schwangerschaft angewendet werden.

Für 100 ml

90 ml	Basisöl oder Basisölmischung
10 Tropfen	ätherisches Grapefruitöl
5 Tropfen	ätherisches Rosmarinöl
5 Tropfen	ätherisches Wacholderöl

Zuerst die Duftöle in eine 100-ml-Flasche tröpfeln, dann das Basisöl dazugiessen und leicht schütteln.

Anwendung

Nach dem Duschen das Öl kräftig in die noch feuchte Haut einmassieren. Anschliessend die Haut nur leicht trocken tupfen.

WÄRMENDES KÖRPERÖL

Diese Ölmischung eignet sich sehr gut zum Ausspannen am Abend oder für eine Partnermassage. Sesamöl ist ein wärmendes Öl und in einer Mischung mit ätherischen Duftölen wie Sandelholz oder Ylang-Ylang sehr entspannend und sinnlich.

Für 100 ml

60 ml	Sesamöl
20 ml	Rapsöl
20 ml	Jojobaöl
10 Tropfen	ätherisches Öl wie Sandelholz, Ylang-Ylang, Vanille

Zuerst die Duftöle in eine 100-ml-Flasche tröpfeln, dann die Basisöle dazugiessen und leicht schütteln.

BABYÖL

Dieses Babyöl ist besonders sanft und auch für Erwachsene mit sensibler Haut geeignet.

Für 100 ml

100 ml	Mandelöl
1 Tropfen	ätherisches Rosen- oder Lavendelöl
1 Tropfen	ätherisches Koriander- oder Fenchelöl
1 Tropfen	ätherisches Vanilleöl

Zuerst die Duftöle in eine 100-ml-Flasche tröpfeln, dann das Basisöl dazugiessen und leicht schütteln.

Anwendung

Für eine Ganzkörpermassage etwas Öl zwischen den warmen Händen verreiben und den Körper ganz sanft in Richtung Herz massieren. Bei Blähungen das Öl im Uhrzeigersinn auf das Bäuchlein massieren. Grössere Kinder mögen es auch sehr, mit diesem Öl massiert zu werden, zum Beispiel an den Füssen.

BODYBUTTER

Eine praktische Pflege mit einer Kombination aus Wachs, Butter und Öl für eine weiche Haut von Kopf bis Fuss.

Für 50 g

2 g	Bienenwachs oder anderes Wachs
10 g	Ghee*
30 g	Sheabutter
10 ml	Rapsöl oder eine Basis-Ölmischung

Nach Bedarf 5 Tropfen ätherisches Öl, zum Beispiel Sandelholz und Vanille

Das Wachs in einer Schüssel über einem Wasserbad bei mittlerer Hitze langsam klarschmelzen. Vom Herd nehmen und durch das Rühren mit einem Schwingbesen leicht abkühlen lassen. Dann die Sheabutter dazumischen und anschliessend das Rapsöl unterrühren. Wenn die Masse nur noch lauwarm ist, die Duftöle hinzufügen. Warten, bis die Masse ganz ausgekühlt ist, und sie dann nochmals mit einer Gabel luftig aufmischen. So entsteht eine weiche, luftige Bodybutter-Konsistenz.

Anwendung

Die sehr reichhaltige Bodybutter ist vielseitig einsetzbar bei trockenen Hautstellen am ganzen Körper.

** Anstelle von Ghee kann auch eine grössere Menge Sheabutter oder Kakaobutter verwendet werden. Kakaobutter ist jedoch härter, darum sollte sie mit einer kleineren Bienenwachsmenge gemischt werden.*

NATURDEO

Selbst gerührte Naturdeos mit Natron und ätherischen Ölen haben antibakterielle Eigenschaften und wirken deshalb sehr gut Schweissgeruch entgegen. Naturdeos wirken nur leicht schweisshemmend, die Feuchtigkeit wird nicht gestoppt wie bei konventionellen Antitranspirantien, welche Aluminiumsalze enthalten.

Für ein Deo-Puder 30 g

2–3 EL	weisse Heilerde oder Maizena
1 TL	Natron (weniger für sensible Haut, mehr für eine stärkere Wirkung)
10 Tropfen	ätherisches Öl (Teebaum, Minze, Zitrus)

Heilerde, Natron und Duftöle mit einem Holzlöffel mischen. Abfüllen in einen kleinen Behälter, eventuell mit einem Streuaufsatz.

Für eine Deo-Creme 50 g

Alle Zutaten für das Deo-Puder

2 EL	Kokosfett

Zuerst Natron und Heilerde oder Maizena mit dem Kokosfett mischen. Dann die Duftöle dazurühren. Abfüllen in ein Döschen mit Deckel.

BLÜTENWASSER-DEOSPRAY

Für 100 ml

90 ml	Blütenwasser (zum Beispiel Hamamelis, Lavendel)
1 TL	Natron*
10 Tropfen	ätherisches Öl (zum Beispiel Teebaum, Minze, Zitrus)

Alle Zutaten in einer 100-ml-Flasche mit Sprühaufsatz mischen und gut schütteln. Vor jeder Anwendung kurz schütteln.

* *Um die körnige Konsistenz des Natrons loszuwerden, dieses zuerst in warmem Wasser/Blütenwasser auflösen und einige Minuten rühren, bis sich die Körner auflösen. Vorsicht, Natron darf nicht über 50 °C erhitzt werden.*

NATURPARFUM

Verschiedene Duftkombinationen auszuprobieren, macht unglaublich Spass! Es genügen für den Anfang 2–3 ätherische Öle und Alkohol (erhältlich in der Apotheke, Wodka eignet sich auch). Es empfiehlt sich, am Anfang kleine Portionen herstellen, um herauszufinden, welche Düfte und Duftkombinationen man am liebsten mag. Parfum-Profis mischen gekonnt Kopfnoten (wie Zitrone), Herznoten (wie Lavendel) und Basisnoten (wie Sandelholz) für ausgeglichene Duftkompositionen. Erfrischende Parfums enthalten Zitrusdüfte, kombiniert mit Rosmarin oder Melisse. Sinnliche Parfums enthalten Sandelholz, Rose, Rosengeranium, Ylang-Ylang oder Jasmin. Herbe Parfums enthalten Koriander, Minze, Wacholder.*

Für 100 ml

70–80 ml	Alkohol
50–100 Tropfen	ätherische Öle (je nach Intensität)
10–20 ml	Wasser oder Blütenwasser (zum Beispiel Hamamelis)

Alkohol in eine 100-ml-Flasche füllen. Dann tropfenweise die Duftöle beimischen. Zuletzt mit Wasser oder Blütenwasser auffüllen.

---

* *Duftsprays lassen sich auch mit frischen Zutaten herstellen, beispielsweise mit unbehandelten Zitrusschalen, Vanilleschoten, Zimt, Kardamom- oder Koriandersamen und Duftrosenblättern. Die Zutaten in ein Einmachglas füllen, mit heissem Wasser aufgiessen, das Glas schliessen und einen Tag stehen lassen. Anschliessend abfiltern und in eine Flasche mit Pumpaufsatz umgiessen. Alkohol beifügen für eine längere Haltbarkeit (2–4 TL pro 100 ml).*

MASSAGE-DUFT-BÄLLE FÜR KIDS

Diese Duftbälle sorgen für viel Spass, zum Beispiel in der Badewanne, und sind auch eine duftige Geschenkidee für Kinder.

2 Farbvarianten für total 200 g

Variante 1

20 g	Bienenwachs
40 g	Kakaobutter
40 g	Basisöl
20–30 Tropfen	blaue oder grüne Lebensmittelfarbe
10 Tropfen	ätherische Öle

Variante 2

30 g	Bienenwachs
50 g	Sheabutter
20 g	Basisöl
20–30 Tropfen	rote oder gelbe Lebensmittelfarbe
10 Tropfen	ätherische Öle

Die Bienenwachsportionen in 2 Schüsseln über je einem Wasserbad bei mittlerer Hitze langsam schmelzen. Vom Herd nehmen und durch das Rühren mit dem Schwingbesen etwas abkühlen lassen. Shea- bzw. Kakaobutter dazumischen, dann das Basisöl und die Lebensmittelfarbe hinzufügen. Wenn die Masse nur noch lauwarm ist, die Duftöle dazumischen. Portionen der beiden verschiedenen Farbvarianten mit einem Löffel entnehmen und zu Bällen formen. Einige Tage tocknen lassen und verpacken.

Anwendung

Duftball in der Hand leicht erwärmen, sodass die Masse etwas weich wird. Den ganzen Körper, den Bauch oder die Füsse damit einmassieren. Der Duftball kann auch in der Badewanne eingerieben und zusammen mit etwas Seife aufgeschäumt werden.

MASKEN UND PEELINGS

Masken mit frischen Zutaten mag die Haut besonders gern. Versorgt mit frischen Vitaminen und Mineralien wirkt sie selbst wieder frisch, gesättigt und prall. Grundsätzlich gilt es zu beachten, dass die Masken jeweils nur so lange auf der Haut bleiben dürfen, wie es sich angenehm anfühlt. Die sensible Augenpartie sollte immer gut ausgespart bleiben. Und es empfiehlt sich, Masken zu entfernen, bevor sie antrocknen, besonders bei sensiblen Hauttypen und bei Couperose. Zum Entfernen von Masken ein Tuch in lauwarmem Wasser tränken, auswringen, leicht auf der Haut andrücken und die Maske abwischen, dies mehrmals wiederholen. Schneller und ohne viel Aufwand lassen sich Masken auch einfach in der Dusche abwaschen.

Frische Masken sollten nicht länger als 24 Stunden im Kühlschrank aufbewahrt werden. Wenn Zitrone oder Duftöle dazugemischt werden, halten sie ein bis zwei Tage länger. Das Pürieren der Maskenmassen geht einfacher, wenn jeweils grosse Portionen zubereitet werden. Die Reste einfach der Freundin oder der Nachbarin schenken!

EINFACHE QUARKMASKE

Quark und Joghurt regen durch die enthaltene Milchsäure die Durchblutung der Haut an, gleichen unreine, fettige Haut und Akne aus und können Sonnenbrand, Juckreiz und Ekzeme mildern.

Für 1 Anwendung

1 EL	Quark
evtl. 1 EL	Aloe-Vera-Gel oder Gurkensaft

Anwendung

Quark, gegebenenfalls vermischt mit Aloe Vera oder Gurkensaft, auf das Gesicht und/oder andere Hautpartien wie Dekolleté oder Rücken auftragen, die Augenpartie dabei gut aussparen. Die Maske für etwa 10–15 Minuten wirken lassen. Mit einem feuchten Tuch abnehmen oder abduschen, bevor sie antrocknet.

QUARKMASKE ZUR HAUT-ENTSPANNUNG

Diese Maske ist ideal, wenn die Haut spannt und trocken ist.

Für 1 Anwendung

1 EL	Quark
1 TL	flüssiger Honig
1 TL	Zitrone

Nach Bedarf 3 Tropfen ätherisches Öl (zum Beispiel Rosengeranie, Lavendel)

Alle Zutaten zusammenmischen.

Anwendung

Die Maske auf das Gesicht auftragen, Augenpartie gut aussparen. 10–15 Minuten wirken lassen und dann mit einem Tuch und lauwarmem Wasser gründlich entfernen, bevor die Maske trocken wird. Anschliessend eine grosszügige Menge Hautpflege auftragen.

ZAZIKI-MASKE

Gurke wirkt sich wunderbar erfrischend und feuchtigkeitsspendend auf die Haut aus. Diese Maske ist ausserdem ein bewährtes Mittel bei leichtem Sonnenbrand.

Für 1 Anwendung*

180 g	griechisches Naturjoghurt
1 TL	Zitrone
1	Salatgurke

Die Gurke schälen und in ein grosses Sieb über einer Schale raffeln. (Die Gurkenflüssigkeit in der Schale auffangen und kühl stellen. Die Gurkenflüssigkeit wird für dieses Rezept nicht benötigt, eignet sich aber wunderbar für kühlende Augenkompressen: Einfach Wattepads in Gurkensaft tränken und einige Minuten auf die geschlossenen Augen legen.)
Gurke, Zitrone und Joghurt in einer weiteren Schüssel zusammenmischen.

Anwendung

1 EL der Maske auf das Gesicht auftragen, 15 Minuten einwirken lassen und anschliessend lauwarm abwaschen.

** Was von der Maske übrig bleibt, lässt sich gut zu einem Zaziki-Apéro-Dip weiterverarbeiten: 1 gepresste Knoblauchzehe hinzufügen und mit Salz, Pfeffer, getrockneten Salatkräutern und je 1 TL Olivenöl und Essig abschmecken.*

ZUCKER-LIPPENPEELING

Dieses Lippenpeeling empfiehlt sich immer dann, wenn die Lippenpartie ausgetrocknet ist.*

Für 30 g

1 EL	Zucker
1 EL	Flüssighonig
1 EL	Pflegeöl
1 TL	Blütenblätter (zum Beispiel Rosen, Jasmin, Lavendel, Kamille)
3 Tropfen	ätherisches Öl (zum Beispiel Vanille, Mandarine)

Zucker und Blütenblätter im Mörser fein mahlen. In einer Schüssel alle Zutaten zusammenmischen und in einen kleinen Behälter mit Deckel abfüllen.

Anwendung

1 TL Peeling ganz sanft in die Lippen einmassieren. Etwa 10 Minuten einwirken lassen. Anschliessend abwaschen, trocknen und eine Pflegecreme oder einen Balsam dick auftragen.

** Bei geröteten Lippen sollte stattdessen auf die Honig-SOS-Lippenpflege zurückgegriffen werden.*

BADESALZ UND KÖRPERPEELING

Für 100 g Badesalz

90 g	Meersalz
2–4 EL	Blütenblätter (zum Beispiel Rosen, Jasmin, Lavendel, Kamille)
10 Tropfen	ätherisches Öl (zum Beispiel Rosmarin, Zitrus)

Für einzelne Peelings

zusätzlich 2 EL Pflegeöl

Salz und Blütenblätter im Mörser fein mahlen. In einer Schüssel mit den ätherischen Ölen (nicht mit dem Pflegeöl für das Peeling!) mischen und in einen Behälter abfüllen.

Anwendung

Für ein einfaches Badesalzbad 2 EL der Mischung in ein Vollbad geben. 15 Minuten das reinigende und beruhigende Bad geniessen.

Für ein Peeling-Bad das Vollbadwasser vorbereiten. 2 EL Badesalz mit 2 EL Pflegeöl mischen. In der Badewanne stehend das Peeling in die feuchte Körperhaut einmassieren. Anschliessend 15 Minuten im Bad entspannen. Die Haut wird gründlich gereinigt und gepflegt.

OLIVENÖL HAND-UND-FUSSPEELING

Für 1 Anwendung

1 EL	Olivenöl
1 TL	Meersalz oder Zucker
3 Tropfen	ätherisches Öl (zum Beispiel Zitrusöl)

Alle Zutaten in einer Schüssel mischen.

Anwendung
Hände und/oder Füsse zuerst befeuchten und dann das Peeling einmassieren. Mit Wasser (und eventuell mit Seife) abwaschen.*

** Dieses Peeling ist ideal als Pflege vor der Maniküre bzw. Pediküre. Nach dem Abwaschen des Peelings Häutchen rund um das Nagelbett sanft mit einem Holzstäbchen oder mit einem Papiertuch nach hinten schieben. Die Nägel mit Essig oder Alkohol entfetten und dann den Nagellack auftragen.*

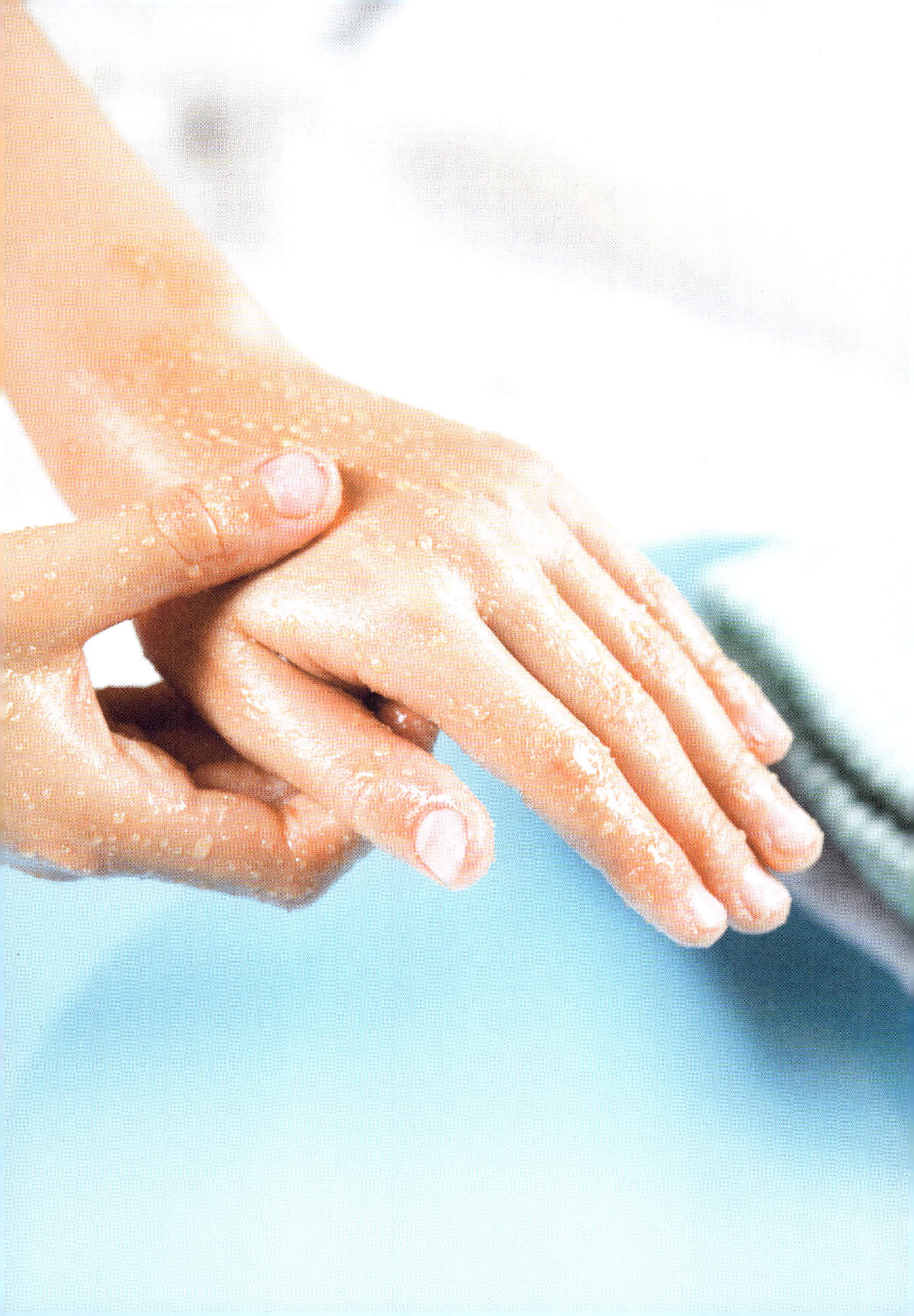

REINIGENDE HEILERDE-MASKE

Mineralienreiche Erden sorgen für die Wiederherstellung des natürlichen Gleichgewichts der Haut und sind für alle Hauttypen geeignet. Schmutz und Fett werden aufgesaugt und schonend entfernt. Die Maske ist auch geeignet bei Unreinheiten am Dekolleté oder am Rücken.

Für 1 Anwendung

1 EL	Heil- oder Tonerde
1 TL/ 1 Beutel	Kräutertee (zum Beispiel Schafgarbe, Stiefmütterchen, Gänseblümchen, Salbei, Rosmarin)

Tee in einer 3-dl-Tasse zubereiten und 5 Minuten ziehen lassen. In einer kleinen Schüssel die Heil- oder Tonerde mit 2–3 TL Tee anrühren.

Anwendung

Die Paste mit den Fingern oder mit einem Pinsel auf das Gesicht auftragen, Augenpartie und Lippen aussparen. Nach ca. 10 Minuten, wenn die Maske angetrocknet ist, mit lauwarmem Wasser abwaschen. Anschliessend eine Hautpflege auftragen. Bei sensibler Haut oder einer Neigung zu Rötungen und Couperose sollte kein Rosmarintee verwendet und die Maske feucht gehalten werden. Dies geht zum Beispiel gut mit einem Blütenwasser, das über die Maske gesprüht, oder auch mit einem feuchten Tuch, das über die Maske gelegt wird.

HAGEBUTTEN-GESICHTSMASKE

Diese erfrischende Gesichtsmaske führt der Haut Vitamine und Feuchtigkeit zu.

Für 1–2 Anwendungen

1–2 Beutel	Hagebuttentee
4 EL	Aloe-Vera-Gel
2 Tropfen	ätherisches Rosmarinöl (anregend) oder Lavendelöl (beruhigend)

Den Hagebuttentee in einer Tasse mit gekochtem Wasser 10 Minuten ziehen lassen. Den abgekühlten Tee löffelweise mit dem Aloe-Vera-Gel mischen, bis die Konsistenz cremig wird. Das ätherische Öl hinzufügen und das Gel zum Abkühlen in den Kühlschrank stellen.

Anwendung

Das erkaltete Gel auftragen und, sobald es sich erwärmt hat, mit einem Tuch entfernen. Falls nötig, mit kaltem Wasser nachspülen.

Die Maske kann einige Tage im Kühlschrank aufbewahrt werden.

AVOCADO-ZITRONEN-MASKE

Für trockene und reife Haut eignen sich nahrhafte Zutaten wie die fettreiche und sehr gesunde Avocadofrucht. Als Beauty-Food, zum Beispiel in einer leckeren Guacamole, führt sie dem Körper auch gesunde Fette von innen zu.

Für 1 Anwendung

2 EL	Fruchtfleisch einer reifen Avocado
1 TL	Zitronensaft
1 TL	flüssiger Honig
1 TL	Olivenöl

Die Zutaten mit einer Gabel zu einer Paste verrühren.

Anwendung

Die Maske auf das Gesicht auftragen und etwa 15 Minuten einwirken lassen. Anschliessend mit lauwarmem Wasser abwaschen.

GRÜNE GESICHTSMASKE

Kräuter sind Kraftpakete für die Schönheit von innen und aussen, führen Vitamine zu, reinigen und gleichen fettige Haut aus.

Für 1 Anwendung (und 1 Schale Kräuterpesto)

2 Hände voll	Petersilien- oder Koriandergrün
1 dl	Olivenöl
1 TL	Joghurt
½ TL	Zitronensaft

Die Kräuter mit Olivenöl zu einer feinen Paste mixen.* Für eine Gesichtsmaske 1 TL von diesem Kräuteröl mit dem Joghurt und dem Zitronensaft mischen.

Anwendung
Die Maske auf Gesicht, Hals und Dekolleté auftragen, Augenpartie aussparen. 15 Minuten einwirken lassen und anschliessend abwaschen.

** Mit der restlichen Kräuterölmasse lässt sich ein Kräuterpesto herstellen: 2 EL gemahlene Nüsse, 1–2 Knoblauchzehen und Gewürze (Salz, Pfeffer, Chili etc.) dazugeben und nochmals mixen.*

PAPAYA-MASKENPEELING

Die Papayafrucht enthält Enzyme, welche alte Zellen schonend ablösen und Vitalstoffe in tiefe Hautschichten einschleusen.*

Für 1 Anwendung

2 EL	reife Papaya
1 TL	Honig (zum Beispiel Manukahonig)
1 TL	Olivenöl oder ein anderes Basisöl
2–4 TL	Apfel- oder Traubensaft

Das Fruchtfleisch der Papaya in eine Schüssel geben. Dann alle Zutaten zu einer Paste mischen.

Anwendung

Die Maske auf das gereinigte Gesicht inklusive Lippen und Hals auftragen, die Augenpartie gut aussparen. Etwa 10 Minuten einwirken lassen. Dann die Maske sanft einmassieren. Anschliessend mit lauwarmem Wasser abwaschen.

---

* *Die einfachste und schnellste Methode, um Fruchtsäuren wirken zu lassen: Eine Scheibe Kiwi mit kreisenden Bewegungen über die gereinigte Gesichtshaut reiben. Einige Minuten einwirken lassen und dann abwaschen.*

RÜEBLI-MASKE

Für einen strahlenden Teint durch viel Schönheitsvitamin A sind Rüebli besonders zu empfehlen. Diese Maske ist für normale bis fettige Haut geeignet.

Für 1–2 Anwendungen

1	kleine Karotte, fein geraffelt, oder 2 EL Karottensaft
1 TL	Olivenöl oder Rapsöl
1	Eiweiss*
evtl. ½ TL	Kurkumapulver

Alle Zutaten miteinander vermischen.

Anwendung

Die Maske auf das gereinigte Gesicht auftragen. 15 Minuten einwirken lassen, dann mit lauwarmem Wasser abwaschen.

* *Das übrig gebliebene Eigelb lässt sich sehr gut zur Avocado-Haarmaske oder zum Heilerden-Shampoo dazumischen.*

MATCHA-APFEL-MASKE

Der Antioxidantien-Star Matcha schützt die Haut vor Umwelteinflüssen. Die Maskenmischung mit Apfel strafft und tonisiert die Haut.

Für 1 Anwendung

2 EL	Apfel, frisch, geraffelt oder püriert (oder Apfelsaft)
1 EL	Matchapulver
	Wasser

Teepulver und Apfel zu einer Paste verrühren. Eventuell etwas Wasser dazugeben.

Anwendung

Die Maske auf das gereinigte Gesicht auftragen.* 15 Minuten einwirken lassen, dann mit lauwarmem Wasser abwaschen.

** Mit einer Schachtelhalm-Kompresse lässt sich die Haut perfekt auf diese Maske vorbereiten. Die Maske kann dann anschliessend mit dem Schachtelhalm-Kompressenwasser abgewaschen werden.*

TOMATEN-MASKE

Tomaten enthalten viele Vitamine, Mineralstoffe und sekundäre Pflanzenstoffe, welche die Haut schützen und für eine gesunde Hautstruktur sorgen. Diese Maske hilft, unreine Haut auszugleichen. Als Beauty-Food lassen sich die Schönheitsvitamine zum Beispiel gut in Form eines chilenischen Tomatensalats mit Zwiebeln und viel Koriandergrün verzehren!

Für ca. 6 Anwendungen

1	grosse, reife Tomate, klein geschnitten*
1 EL	Ton- oder Heilerde
1 EL	Aloe Vera
1 TL	Zitrone

Evtl. 3 Tropfen ätherisches Öl (zum Beispiel Zitrone, Rosmarin, Fenchel oder Palmarosa)

Alle Zutaten ausser der Heilerde gut im Küchenmixer oder mit dem Stabmixer vermengen. Dann die Heilerde mit einem Plastik- oder Holzlöffel dazumischen.

Anwendung
Die Maske auf Gesicht und Dekolleté, eventuell auch auf den Rücken auftragen, Mund und Augenpartie aussparen. 10–15 Minuten einwirken lassen und mit lauwarmem Wasser abwaschen.

** Für diese Maske kann auch ungewürztes, pasteurisiertes Bio-Sugo aus dem Glas verwendet werden. Gekochte Tomaten wirken sanfter als rohe.*

STICHWORT-VERZEICHNIS

A

B

C

D

E

F

G

H

I

J

K

L

M

N

O

P

Q

R

S

T

U

V

W

Y

Z

DANIELA THÜRING

1971 in Basel geboren, Phytotherapeutin, Naturkosmetikberaterin und Inhaberin von *dhania Naturkosmetik*. Mit Leidenschaft stellt sie natürliche Kosmetikprodukte her und liebt es, ihre Kundinnen für ganzheitliche Hautpflege zu begeistern.